MW01118641

Auf Umwegen in die Klapsmühle, vom schlechten Gewissen verfolgt, ein Liliput-Pferdchen, das über den Küchenboden trabt, die Raserei einer Taschenuhr, Zirkusbären in wiedergewonnener Freiheit, ein durchaus urteilsfähiger Hund, hinterhältige Frauen und verdatterte Männer, eine irritierende Begegnung am Grab, ein apokalyptisches Szenario … ernst oder heiter, humorvoll, satirisch oder polemisch, nachdenklich oder poetisch: erzählende Texte britischer, irischer und amerikanischer Autoren aus dem 19. und dem 20. Jahrhundert bereiten ein facettenreiches Lesevergnügen.

In englisch-deutschem Paralleldruck

An Arrest · Eine Gefangennahme

Englische Kürzestgeschichten

Ausgewählt und übersetzt
von Harald Raykowski

Deutscher Taschenbuch Verlag

dtv zweisprachig
Begründet von Kristof Wachinger-Langewiesche

Originalausgabe/Neuübersetzung
1. Auflage 2005. 2. Auflage Februar 2007
Deutscher Taschenbuch Verlag GmbH & Co. KG,
München
www.dtv.de
Umschlagkonzept: Balk & Brumshagen
Umschlagbild: ‹Afterglow› (1883) von Winslow Homer
Satz: Greiner & Reichel, Köln
Druck und Bindung: Kösel, Krugzell
Gedruckt auf säurefreiem, chlorfrei gebleichtem Papier
Printed in Germany · ISBN 978-3-423-09446-7

Inhalt

Stephen Crane
A Detail

The tiny old lady in the black dress and curious little black bonnet had at first seemed alarmed at the sound made by her feet upon the stone pavements. But later she forgot about it, for she suddenly came into the tempest of the Sixth Avenue shopping district, where from the streams of people and vehicles went up a roar like that from headlong mountain torrents.

She seemed then like a chip that catches, recoils, turns, and wheels, a reluctant thing in the clutch of the impetuous river. She hesitated, faltered, debated with herself. Frequently she seemed about to address people; then of a sudden she would evidently lose her courage. Meanwhile the torrent jostled her, swung her this way and that way.

At last, however, she saw two young women gazing in at a shop window. They were well-dressed girls; they wore gowns with enormous sleeves that made them look like full-rigged ships with all sails set. They seemed to have plenty of time; they leisurely scanned the goods in the window. Other people had made the tiny old woman much afraid because obviously they were speeding to keep such tremendously important engagements. She went close to the girls and peered in at the same window. She watched them furtively for a time. Then finally she said: "Excuse me!"

The girls looked down at this old face with its two large eyes turned toward them.

"Excuse me: can you tell me where I can get any work?"

Stephen Crane
Eine Kleinigkeit

Die kleine alte Dame im schwarzen Kleid und mit dem
seltsamen schwarzen Hütchen auf dem Kopf schien zu-
nächst erschrocken über das Geräusch ihrer Schritte auf
den Pflastersteinen. Später vergaß sie das aber, denn sie
geriet plötzlich in das Gewühl des Geschäftsviertels an der
Sixth Avenue, wo sich aus den Strömen von Menschen
und Fahrzeugen ein Tosen wie von Gießbächen im Gebirge
erhob.

Sie wirkte nun wie ein Holzspan, der im reißenden Fluss
treibt und bald hängenbleibt, bald zurückdriftet, sich dreht
und wieder dreht. Sie zögerte, war unentschieden, überlegte. Oft schien sie jemanden ansprechen zu wollen, aber
dann verließ sie offensichtlich der Mut wieder. Unterdessen
schob die Strömung sie weiter, lenkte sie hierhin und dorthin.

Schließlich aber fiel ihr Blick auf zwei junge Frauen, die
vor einem Schaufenster standen. Sie waren gut angezogen
und trugen Kleider mit weiten Ärmeln, in denen sie wie
zwei Schiffe aussahen, die alle Segel gesetzt haben. Offenbar hatten sie es nicht eilig; in Ruhe betrachteten sie die
Auslagen. Andere Leute hatten der kleinen alten Frau angst
gemacht, weil sie es offenbar sehr eilig hatten, unerhört
wichtige Termine einzuhalten. Sie näherte sich den beiden
jungen Frauen und schaute ebenfalls in das Schaufenster.
Eine Weile warf sie ihnen verstohlene Blicke zu, dann sagte
sie: «Entschuldigen Sie bitte!»

Die beiden sahen hinunter in das alte Gesicht, aus dem
zwei große Augen sie anblickten.

«Entschuldigen Sie bitte, können Sie mir sagen, wo ich
hier Arbeit bekommen kann?»

For an instant the two girls stared. Then they seemed about to exchange a smile, but, at the last moment, they checked it. The tiny old lady's eyes were upon them. She was quaintly serious, silently expectant. She made one marvel that in that face the wrinkles showed no trace of experience, knowledge; they were simply little soft, innocent creases. As for her glance, it had the trustfulness of ignorance and the candor of babyhood.

"I want to get something to do, because I need the money," she continued, since, in their astonishment, they had not replied to her first question. "Of course I'm not strong and I couldn't do very much, but I can sew well; and in a house where there was a good many menfolks, I could do all the mending. Do you know of any place where they would like me to come?"

The young women did then exchange a smile, but it was a subtle tender smile, the edge of personal grief.

"Well, no, madame," hesitatingly said one of them at last; "I don't think I know anyone."

A shade passed over the tiny old lady's face, a shadow of the wing of disappointment. "Don't you?" she said, with a little struggle to be brave in her voice.

Then the girl hastily continued: "But if you will give me your address, I may find someone, and if I do, I will surely let you know of it."

The tiny old lady dictated her address, bending over to watch the girl write on a visiting card with a silver pencil. Then she said: "I thank you very much." She bowed to them, smiling, and went on down the avenue.

As for the two girls, they walked to the curb and watched this aged figure, small and frail, in its

Zuerst machten die jungen Frauen erstaunte Gesichter, und es sah schon so aus, als wollten sie einander zuzwinkern, aber im letzten Augenblick unterließen sie es. Die Augen der kleinen alten Dame waren auf sie gerichtet. Sie war seltsam ernst und schwieg erwartungsvoll. Es war erstaunlich, dass die Falten in diesem Gesicht keine Spur von Erfahrung und Wissen zeigten; es waren einfach weiche, unschuldige Fältchen. Aus dem Blick der Frau sprach das Vertrauen der Ahnungslosigkeit, die Offenheit eines kleinen Kindes.

«Ich suche eine Beschäftigung, ich brauche das Geld», fuhr sie fort, denn die beiden waren so verblüfft, dass sie die Frage nicht beantwortet hatten. «Ich bin natürlich nicht kräftig und könnte nicht sehr viel tun, aber ich kann gut nähen; und in einem Haushalt mit vielen Männern könnte ich stopfen und ausbessern. Wissen Sie vielleicht, wo man mich brauchen könnte?»

Jetzt tauschten die beiden jungen Frauen ein Lächeln aus, aber es war ein mitfühlendes Lächeln, fast ein wenig wehmütig.

«Also … nein, Madame», sagte eine von ihnen schließlich zögernd. «Ich glaube, mir fällt niemand ein.»

Ein Schatten huschte über das Gesicht der kleinen alten Dame, ein Anflug von Enttäuschung. «Niemand?» fragte sie, und man hörte, dass sie sich bemühte, tapfer zu sein.

Rasch setzte die junge Frau hinzu: «Aber vielleicht kann ich jemanden finden, und wenn Sie mir Ihre Adresse geben, werde ich Ihnen bestimmt Bescheid sagen.»

Die kleine alte Dame diktierte ihre Adresse und sah zu, wie die junge Frau sie mit einem silbernen Stift auf einer Visitenkarte notierte. Dann sagte sie: «Ich danke Ihnen vielmals.» Sie verbeugte sich lächelnd und setzte ihren Weg auf der Avenue fort.

Die beiden jungen Frauen traten an den Randstein und sahen dieser kleinen, alten und zerbrechlichen Gestalt nach, in

black gown and curious black bonnet. At last, the crowd, the innumerable wagons, intermingling and changing with uproar and riot, suddenly engulfed it.

dem schwarzen Kleid und mit dem sonderbaren schwarzen Hut, bis die Menge der Menschen und der zahllosen Fahrzeuge, die sich brausend und tosend durcheinanderschoben, sie plötzlich verschluckte.

Graham Greene
I Spy

Charlie Stowe waited until he heard his mother snore before he got out of bed. Even then he moved with caution and tiptoed to the window. The front of the house was irregular, so that it was possible to see a light burning in his mother's room. But now all the windows were dark. A searchlight passed across the sky, lighting the banks of cloud and probing the dark deep spaces between, seeking enemy airships. The wind blew from the sea, and Charlie Stowe could hear behind his mother's snores the beating of the waves. A draught through the cracks in the window-frame stirred his nightshirt. Charlie Stowe was frightened.

But the thought of the tobacconist's shop which his father kept down a dozen wooden stairs drew him on. He was twelve years old, and already boys at the County School mocked him because he had never smoked a cigarette. The packets were piled twelve deep below, Gold Flake and Players, De Reszke, Abdulla, Woodbines, and the little shop lay under a thin haze of stale smoke which would completely disguise his crime. That it was a crime to steal some of his father's stock Charlie Stowe had no doubt, but he did not love his father; his father was unreal to him, a wraith, pale, thin, indefinite, who noticed him only spasmodically and left even punishment to his mother. For his mother he felt a passionate demonstrative love; her large boisterous presence and her noisy charity filled the world for him; from her speech he judged her the friend of everyone, from the rector's wife to the 'dear Queen',

Graham Greene
Ich sehe was ...

Charlie Stowe wartete, bis er seine Mutter schnarchen hörte,
und stand dann auf. Selbst jetzt bewegte er sich sehr vorsichtig und schlich auf Zehenspitzen zum Fenster. Die Fassade
des Hauses hatte Vorsprünge, so dass man sehen konnte,
wenn im Zimmer seiner Mutter Licht brannte. Aber jetzt
waren alle Fenster dunkel. Ein Suchscheinwerfer strich über
den Himmel, ließ die Wolken aufleuchten und bohrte sich
auf der Suche nach feindlichen Luftschiffen in die Tiefen ihrer Zwischenräume. Der Wind wehte vom Meer, und Charlie
Stowe konnte durch das Schnarchen seiner Mutter hindurch
die Brandung hören. Ein Luftzug, der durch die Fensterritzen
drang, erfasste sein Nachthemd. Charlie Stowe hatte Angst.

Aber der Gedanke an den Tabakladen seines Vaters am
unteren Ende der zwölf hölzernen Treppenstufen trieb ihn
weiter. Er war zwölf Jahre alt, und manche Jungen in seiner
Schule lachten ihn schon aus, weil er noch nie geraucht
hatte. Die Zigarettenpäckchen lagen dort unten in Stapeln
von je zwölf, Gold Flake und Players, De Reszke, Abdulla,
Woodbines, und in dem kleinen Laden hing kalter Rauch,
so dass sein Vergehen unentdeckt bleiben würde. Dass es
ein Vergehen war, etwas aus den Beständen seines Vaters zu
stehlen, bezweifelte Charlie Stowe nicht, aber er hatte für
seinen Vater nichts übrig; sein Vater war für ihn etwas Un-
wirkliches, ein Gespenst, bleich, hager, ungreifbar; jemand,
der ihm nur gelegentlich Beachtung schenkte und der selbst
das Strafen der Mutter überließ. Seine Mutter liebte er mit
erkennbarer Leidenschaft; ihr starkes, temperamentvolles
Wesen und ihre laute Herzlichkeit erfüllten seine Welt; aus
ihren Worten schloss er, dass sie mit jedermann befreundet
war, von der Frau des Pastors bis hin zur «guten Queen»,

except the 'Huns', the monsters who lurked in Zeppelins in the clouds. But his father's affection and dislike were as indefinite as his movements. Tonight he had said he would be in Norwich, and yet you never knew. Charlie Stowe had no sense of safety as he crept down the wooden stairs. When they creaked he clenched his fingers on the collar of his nightshirt.

At the bottom of the stairs he came out quite suddenly into the little shop. It was too dark to see his way, and he did not dare touch the switch. For half a minute he sat in despair on the bottom step with his chin cupped in his hands. Then the regular movement of the searchlight was reflected through an upper window and the boy had time to fix in memory the pile of cigarettes, the counter, and the small hole under it. The footsteps of a policeman on the pavement made him grab the first packet to his hand and dive for the hole. A light shone along the floor and a hand tried the door, then the footsteps passed on, and Charlie cowered in the darkness.

At last he got his courage back by telling himself in his curiously adult way that if he were caught now there was nothing to be done about it, and he might as well have his smoke. He put a cigarette in his mouth and then remembered that he had no matches. For a while he dared not move. Three times the searchlights lit the shop, while he muttered taunts and encouragements. 'May as well be hung for a sheep,' 'Cowardy, cowardy custard,' grown-up and childish exhortations oddly mixed.

But as he moved he heard footfalls in the street, the sound of several men walking rapidly. Charlie

ausgenommen nur die «Hunnen», diese Ungeheuer, die in ihren Zeppelinen über den Wolken lauerten. Beim Vater dagegen wusste man nie, was er mochte und nicht mochte, und ebensowenig, wo er sich gerade aufhielt. An diesem Abend, hatte er gesagt, sei er in Norwich, aber genau wusste man es nie. Charlie Stowe fühlte sich deshalb nicht sicher, als er die Holztreppe hinunterschlich. Bei jedem Knarren krampften sich seine Finger um den Kragen des Nachthemds.

Die Treppe führte unmittelbar in den kleinen Laden. In der Dunkelheit konnte er nichts sehen, aber er wagte auch nicht, das Licht anzumachen. Eine Weile saß er mutlos auf der untersten Stufe, das Kinn in die Hände gestützt. Dann schwenkte der Suchscheinwerfer herüber und spiegelte sich in einem der oberen Fenster, und der Junge hatte genug Zeit, sich den Zigarettenstapel, die Theke und den kleinen Hohlraum darunter einzuprägen. Als er die Schritte eines Polizisten auf dem Straßenpflaster hörte, griff er nach der erstbesten Packung und verkroch sich in dem Hohlraum. Ein Lichtstrahl strich über den Fußboden, und eine Hand prüfte das Türschloss, dann gingen die Schritte weiter, und Charlie saß zusammengekrümmt im Dunkeln.

Nach einer Weile fasste er wieder Mut, und in seiner sonderbar erwachsenen Art sagte er sich, wenn er jetzt erwischt würde, wäre sowieso nichts mehr zu ändern, so dass er jetzt genausogut eine rauchen könnte. Er steckte sich eine Zigarette zwischen die Lippen, aber dann fiel ihm ein, dass er keine Streichhölzer hatte. Eine Weile wagte er nicht, sich zu rühren. Dreimal erhellte der Suchscheinwerfer das Innere des Ladens, während er sich Schmähungen und aufmunternde Worte zuflüsterte. «Wenn schon, dann aber richtig!» «Angsthase, Rotznase!» in einem sonderbaren Wechsel von erwachsenen und kindlichen Ausdrücken.

Er machte eine Bewegung, aber da hörte er schnelle Schritte auf der Straße, wie von mehreren Männern. Charlie Stowe

Stowe was old enough to feel surprise that anybody was about. The footsteps came nearer, stopped; a key was turned in the shop door, a voice said: "Let him in," and then he heard his father, "If you wouldn't mind being quiet, gentlemen. I don't want to wake up the family." There was a note unfamiliar to Charlie in the undecided voice. A torch flashed and the electric globe burst into blue light. The boy held his breath; he wondered whether his father would hear his heart beating, and he clutched his nightshirt tightly and prayed, 'O God, don't let me be caught.' Through a crack in the counter he could see his father where he stood, one hand held to his high stiff collar, between two men in bowler hats and belted mackintoshes. They were strangers.

"Have a cigarette," his father said in a voice dry as a biscuit. One of the men shook his head. "It wouldn't do, not when we are on duty. Thank you all the same." He spoke gently, but without kindness: Charlie Stowe thought his father must be ill. "Mind if I put a few in my pocket?" Mr Stowe asked, and when the man nodded he lifted a pile of Gold Flake and Players from a shelf and caressed the packets with the tips of this fingers.

"Well," he said. "there's nothing to be done about it, and I may as well have my smokes." For a moment Charlie Stowe feared discovery, his father stared round the shop so thoroughly; he might have been seeing it for the first time. "It's a good little business," he said, "for those that like it. The wife will sell out, I suppose. Else the neighbours'll be wrecking it. Well, you want to be off. A stitch in time. I'll get my coat."

"One of us'll come with you, if you don't mind," said the stranger gently.

war alt genug, um sich zu wundern, dass jemand noch so spät unterwegs war. Die Schritte kamen näher, blieben stehen; die Ladentür wurde aufgeschlossen, eine Stimme sagte: «Lass ihn rein», und dann hörte er seinen Vater: «Bitte seien Sie leise, Gentlemen. Ich will nicht, dass meine Familie aufwacht.» In der sonst so zögernden Stimme lag ein Ton, der für Charlie neu war. Eine Taschenlampe blitzte auf, und plötzlich fiel grelles Licht aus der Deckenlampe. Der Junge hielt den Atem an; er fragte sich, ob sein Vater wohl sein Herz klopfen hören könne, und er zog sein Nachthemd fest zusammen und betete: «Lieber Gott, mach, dass sie mich nicht entdecken.» Durch einen Spalt in der Ladentheke konnte er sehen, wo sein Vater stand, eine Hand an seinem steifen Kragen, zwischen zwei Männern, die schwarze Hüte und Regenmäntel mit Gürtel trugen. Sie waren Fremde.

«Zigarette?» sagte sein Vater mit ausdrucksloser Stimme. Einer der beiden Männer schüttelte den Kopf. «Nicht im Dienst. Trotzdem danke.» Sein Ton war höflich, aber unpersönlich. Charlie Stowe überlegte, ob sein Vater vielleicht krank sei. «Was dagegen, wenn ich mir ein paar einstecke?» fragte Mr. Stowe, und als der Mann eine Kopfbewegung machte, nahm er mehrere Packungen Gold Flake und Players vom Regal und strich mit den Fingerspitzen andächtig darüber.

«Es ist ja nicht zu ändern», sagte er, «und so habe ich wenigstens was zu rauchen.» Einen Augenblick lang befürchtete Charlie Stowe, entdeckt zu werden, so genau sah sich sein Vater um; es war, als sähe er den Laden zum ersten Mal. «Kein schlechtes Geschäft», sagte er, «wenn man es mag. Meine Frau wird's vermutlich verkaufen, sonst demolieren es die Nachbarn. So, Sie wollen sicher gehen. Wer rastet … Ich hole nur meinen Mantel.»

«Einer von uns wird Sie begleiten, wenn Sie nichts dagegen haben», sagte der Unbekannte leise.

"You needn't trouble. It's on the peg here. There, I'm all ready."

The other man said in an embarrassed way, "Don't you want to speak to your wife?" The thin voice was decided, "Not me. Never do today what you can put off till tomorrow. She'll have her chance later, won't she?"

"Yes, yes," one of the strangers said and he became very cheerful and encouraging. "Don't you worry too much. While there's life ..." and suddenly his father tried to laugh.

When the door had closed Charlie Stowe tiptoed upstairs and got into bed. He wondered why his father had left the house again so late at night and who the strangers were. Surprise and awe kept him for a little while awake. It was as if a familiar photograph had stepped from the frame to reproach him with neglect. He remembered how his father had held tight to his collar and fortified himself with proverbs, and he thought for the first time that, while his mother was boisterous and kindly, his father was very like himself, doing things in the dark which frightened him. It would have pleased him to go down to his father and tell him that he loved him, but he could hear through the window the quick steps going away. He was alone in the house with his mother, and he fell asleep.

«Nicht nötig, er hängt hier am Haken. So, ich bin soweit.»

Etwas verlegen fragte der andere Mann: «Wollen Sie denn nicht mit Ihrer Frau sprechen?» Die schwache Stimme klang entschieden: «Ich doch nicht! Was ich verschieben kann auf morgen, muss ich heute nicht besorgen. Sie hat später noch Gelegenheit dazu, oder?»

«Ja, ja», sagte einer der beiden Fremden und klang ganz munter und zuversichtlich. «Machen Sie sich keine Sorgen. Der Mensch lebt …» und plötzlich versuchte sein Vater zu lachen.

Als die Tür ins Schloss fiel, schlich Charlie Stowe die Treppe wieder hinauf und legte sich ins Bett. Er hätte gern gewusst, warum sein Vater das Haus noch so spät verlassen hatte und wer die Fremden waren. Überraschung und Bewunderung hielten ihn noch eine Weile wach. Es war, als hätte ein vertrautes Foto seinen Rahmen verlassen und ihn dafür getadelt, dass er es nicht genug beachtet habe. Er musste daran denken, wie sein Vater sich an den Kragen gefasst und sich mit Redensarten Mut gemacht hatte, und dann kam ihm zum ersten Mal der Gedanke, dass seine Mutter zwar stürmisch und nett war, sein Vater ihm aber mehr ähnelte und im Dunkeln Dinge tat, die ihm angst machten. Er wäre jetzt gern hinuntergegangen zu seinem Vater, um ihm zu sagen, dass er ihn liebte, aber durch das Fenster konnte er hören, wie sich die Schritte entfernten. Er war mit seiner Mutter allein im Haus, und dann schlief er ein.

Arthur L. Willard
First Encounter

She had reservations. Lots of them. She thought the personal ads were for losers. But she was terribly lonely and maybe, just maybe …

She placed the ad. The most promising answer arrived early. And now, here she was, waiting at the restaurant for a stranger with a rose in his lapel.

"Daddy? Is that you?"

Chris Macy
Like Two Ships

He entered the elevator.

"Ground floor, please," he said.

He sounds nice, she thought, but he wouldn't notice me.

He noticed. He noticed her standing there, eyes straight ahead. But he didn't blame her.

Nice perfume, he thought as they parted, he lightly stroking his disfigured face, she counting the steps to the waiting van.

Arthur L. Willard
Erste Begegnung

Sie hegte Zweifel, große Zweifel. Heiratsanzeigen, dachte sie, waren doch nur etwas für Versager. Aber sie war einsam, furchtbar einsam, und vielleicht … vielleicht …

Sie gab die Anzeige auf. Eine besonders vielversprechende Antwort kam schon bald. Und nun saß sie hier im Restaurant und wartete auf einen Fremden mit einer Rose im Knopfloch.

«Papa! Du bist das?»

Chris Macy
Wie Fremde in der Nacht

Er betrat den Aufzug.

«Erdgeschoss bitte», sagte er.

Er klingt sympathisch, dachte sie, aber mich würde er sicher nicht bemerken.

Er bemerkte sie doch. Er bemerkte, wie sie dastand, die Augen geradeaus gerichtet. Aber er nahm es ihr nicht übel.

Angenehmes Parfüm, dachte er, als sie auseinandergingen und er über sein entstelltes Gesicht strich, während sie die Schritte bis zum wartenden Auto zählte.

Mina Loy
Street Sister

Being that uncircumscribed entity, an infinitarian, tra-
ditionless, almost conditionless, I have been privi-
leged, but so seldom, to slip over the psychological
frontier of that unvisited region where those others
withhold the confidences of their deprivation, and see
the light that lingers in the shadow of mankind.

This happened to me once when, on the draughtiest
stretch in Paris, a bitter wind blew towards a blank wall.
While regaining my breath I became aware that something had fallen to the ground, and in the arresting manner of living things detected in unusual relationship to
the inanimate, a few belated stragglers had drawn up
to peer at it. Sharing all inquisitiveness, I stayed there
in spite of the immediate sensation of the lower half of
my body forming one block with the icy pavement; the
misshapen and half-deflated heap that stirred upon it
had lifted a head, and was making swimming motions
along the ground with its arms. It was saying something. It was saying this: 'How can I lie at ease in my
bed without first having smoothed my sheets?'

A woman, with the perpetual re-iteration of the de-
ranged, was stroking the frozen stone with her stiff-
ened hands. I pulled her up and gave her some money.
"Get something hot – HOT," I shouted against the
blast, for she did not at once understand and I hurried
off on my way home. When I looked back she was
staggering dangerously on her brittle legs. Wondering
if it were possible for her, even when able to pay, to
get anything to eat, I slowed down. There were, as so
often in France, even too many low-class little cafe

Mina Loy
Straßenschwester

Ich bin eines von diesen unbestimmten Wesen, eine Infinitarierin, ohne Herkommen, beinahe ohne Eigenschaften, und deshalb ist es mir, wenn auch nur selten, vergönnt, über die psychische Grenze hinüberzugleiten in jene unerforschte Region, in der andere ihre geheimen Sehnsüchte verbergen, und das schwache Licht auf der Schattenseite der Menschheit zu sehen.

Einmal widerfuhr es mir, als ein scharfer Wind mich in einer der zugigsten Straßen von Paris auf eine kahle Mauer zutrieb. Während ich noch nach Luft rang, bemerkte ich, dass da etwas auf die Erde gesunken war, und weil etwas Lebendiges, wenn man es in ungewohntem Verhältnis zum Unbelebten entdeckt, anziehend wirkt, hatten sich ein paar schaulustige Nachtschwärmer angesammelt. Da ich neugierig bin, blieb ich auch stehen, trotz des Gefühls, dass meine untere Körperhälfte mit dem Pflaster einen eisigen Block bildete. Das unförmige, zusammengefallene Bündel, das sich am Boden regte, hatte den Kopf gehoben und machte nun mit den Armen eine Art Schwimmbewegungen. Jetzt sagte es etwas. Es sagte: «Wie kann ich bequem in meinem Bett liegen, ohne vorher die Laken glattzustreichen?»

Eine Frau strich immer und immer wieder, wie es geistig Verwirrte tun, mit ihren steifgefrorenen Händen über die Pflastersteine. Ich hob sie auf und gab ihr ein paar Münzen. «Kaufen Sie sich etwas Heißes – etwas *Heißes*!» rief ich laut gegen den Sturm, da sie mich nicht gleich verstanden hatte, und dann machte ich mich eilig auf den Weg nach Hause. Als ich mich umsah, schwanke sie gefährlich auf ihren schwachen Beinen. Ich ging langsamer und überlegte, ob sie überhaupt etwas zu essen bekommen würde, selbst wenn sie bezahlen konnte. Wie so oft in Frankreich gab es auch hier am Boule-

restaurants along the Boulevard and tonight all empty. But I saw how she came bundling out of them, one after another, she was so filthy, almost before she got in.

In that absent-minded way I have of finding myself identified with other people's problems, I proposed I should go along with her to present a stronger front. Now, I could see her face – it was like an empty rough country road, cracked all over with that shrinkage damp clay undergoes in the process of freezing, and the unclean rheumy icicles, dripping from the corners of her eyes, would have appeared – had one failed to remember the prehistoric descent of dirt or to compare all rheum to the inoffensive drip from other machines such as the panting sweating engines of propellors – appalling. Her eyes, as I looked into them were totally unoccupied, for whoever had once looked out of them, having been too long rebuffed by the world of the exterior, had drawn in so far they had lost focus, yet still she had an undeniable beauty – the heroic stamp of a life that has dared to survive a total opposition.

Swept by the curve of the wind along the deserted perspective of lately planted trees awaving, together we entered the last restaurant. "Will you please serve this friend of mine some supper," I ordered. But the waiter, although himself of a moronic lowliness, refused. "So this is the way La France treats its aged grandmothers," I hooted. And he shooed us out. This common defeat established us on the footing of absolute equality which seemed to warm her, for as we debated intimately on what was to be done, she became steadier on her legs. "If you can walk," I decided, "I know what we will do. Go to the place

vard fast zu viele billige kleine Café-Restaurants, die an diesem Abend alle leer waren. Aber ich beobachtete, wie sie eins nach dem andern wieder stolpernd verließ, kaum dass sie hinein gegangen war: Sie war so verschmutzt.

In meiner unbedachten Art, mit der ich mir gern anderer Leute Nöte zu eigen mache, schlug ich ihr vor, sie zu begleiten, um ihr den Rücken zu stärken. Jetzt konnte ich ihr Gesicht sehen – es glich einer verödeten Landstraße, rauh von Rissen, wie sie entstehen, wenn feuchte Erde gefriert und sich zusammenzieht, und die unsauberen Eiszapfen, von denen es aus ihren entzündeten Augenwinkeln tropfte, wären abstoßend erschienen – hätte man den prähistorischen Ursprung des Schmutzes vergessen oder die Ähnlichkeit aller krankhaften Absonderungen mit dem harmlosen Tropfen anderer Maschinen, zum Beispiel keuchenden, schwitzenden Propellermotoren. Als ich ihr in die Augen sah, waren diese vollkommen passiv, denn wer auch immer früher aus ihnen herausgesehen hatte und so lange von der Welt der Äußerlichkeiten abgewiesen worden war, hatte sich ganz zurückgezogen, so dass ihr Blick sich auf nichts mehr richtete, und dennoch besaß sie eine unbestreitbare Schönheit – das heroische Siegel eines Lebens, das gewagt hatte, sich gegen den Widerstand von allen Seiten zu behaupten.

Der Wind blies uns an einer kahlen Reihe frisch gepflanzter, schwankender Bäume entlang, und gemeinsam betraten wir das letzte Restaurant. «Würden Sie bitte meiner Freundin etwas zum Abendessen servieren», sagte ich bestimmt. Aber der Kellner, obwohl selbst von niedrigster Stellung, weigerte sich. «So behandelt also La France seine alten Großmütter!» spottete ich. Und er scheuchte uns hinaus. Diese gemeinsame Niederlage stellte uns auf eine Stufe völliger Gleichheit, was sie zu erwärmen schien, denn während wir innig berieten, was zu tun sei, begann sie fester auf den Beinen zu stehen. «Wenn Sie gehen können», entschied ich, «weiß ich, was wir

where I buy my cigarettes. I doubt if they will want to lose my custom." Then I noticed something quite queer. The half-delirious dead-eyed wreck I picked up had vanished, and a perfectly normal human being, with light in her friendly eyes, laid a hand on my arm. "But, my dear," she said, "do you think you had better? I hate you to have unpleasantness on my account."

machen. Wir gehen da hin, wo ich meine Zigaretten kaufe. Ich glaube nicht, dass die mich als Kundin verlieren wollen.»

Dann bemerkte ich etwas Seltsames. Das halb verwirrte, blindäugige Wrack, das ich aufgelesen hatte, war verschwunden, und ein völlig normales menschliches Wesen mit einem Leuchten in den freundlichen Augen legte eine Hand auf meinen Arm. «Aber, meine Liebe», sagte sie, «wollen Sie das wirklich tun? Ich will auf keinen Fall, dass Sie meinetwegen Unannehmlichkeiten haben.»

Spencer Holst
Brilliant Silence

Two Alaskan Kodiak bears joined a small circus where
the pair appeared in a nightly parade pulling a covered wagon. The two were taught to somersault, to
spin, to stand on their heads, and to dance on their
hind legs, paw in paw, stepping in unison. Under a
spotlight the dancing bears, a male and a female, soon
became favorites of the crowd. The circus went south
on a west coast tour through Canada to California
and on down to Mexico, through Panama into South
America, down the Andes the length of Chile to those
southernmost isles of Tierra del Fuego. There a jaguar
jumped the juggler, and afterwards, mortally mauled
the animal trainer; and the shocked showpeople dis-
banded in dismay and horror. In the confusion the
bears went their own way. Without a master, they
wandered off by themselves into the wilderness on
those densely wooded, wildly windy, subantarctic
islands. Utterly away from people, on an out-of-the-
way uninhabited island, and in a climate they found
ideal, the bears mated, thrived, multiplied, and after
a number of generations populated the entire island.
Indeed, after some years, descendants of the two
moved out onto half a dozen adjacent islands and seventy years later, when scientists finally found and
enthusiastically studied the bears, it was discovered
that all of them, to a bear, were performing splendid
circus tricks.

On nights when the sky is bright and the moon is
full, they gather to dance. They gather the cubs and
the juveniles in a circle around them. They gather

Spencer Holst
Glänzende Stille

Zwei Kodiak-Bären aus Alaska schlossen sich einem kleinen
Zirkus an, wo das Paar allabendlich in einem Umzug einen
Planwagen zog. Die beiden lernten, Purzelbäume zu schlagen,
sich im Kreis zu drehen, Kopfstand zu machen und, auf den
Hinterbeinen stehend, Tatze an Tatze im Gleichtakt zu tanzen.
Die im Licht des Scheinwerfers tanzenden Bären, ein Männ-
chen und ein Weibchen, wurden bald zu Lieblingen des Publikums. Der Zirkus reiste auf einer Tour die Westküste hinunter nach Süden, von Kanada nach Kalifornien und weiter
nach Mexiko, über Panama nach Südamerika, an den Anden
entlang durch ganz Chile bis zu den Inseln im äußersten Süden von Feuerland. Dort fiel ein Jaguar erst den Jongleur an
und fügte dann dem Raubtierbändiger tödliche Wunden zu,
worauf die Zirkustruppe sich entsetzt und verängstigt auf-
löste. In der allgemeinen Verwirrung machten sich die Bären
selbständig. Da sie nun ohne Aufsicht waren, trotteten sie al-
leine in die Einsamkeit dieser dicht bewaldeten, sturmumtos-
ten Inseln am südlichen Polarkreis. Fern von allen Menschen,
auf einer abgelegenen, unbewohnten Insel und in einem Kli-
ma, das ihnen behagte, paarten sie sich, gediehen und ver-
mehrten sich, und nach mehreren Generationen bevölkerten
sie die gesamte Insel. Nach einer weiteren Reihe von Jahren
siedelten sich Nachkommen dieser beiden sogar auf einem
halben Dutzend Nachbarinseln an, und als Wissenschaftler
siebzig Jahre später die Bären entdeckten und begeistert Un-
tersuchungen anstellten, bemerkten sie, dass sämtliche Bären
erstaunliche Zirkuskunststücke vollführen konnten.

In hellen Vollmondnächten versammeln sie sich und tanzen. Ihre Kleinen und Heranwachsenden scharen sie in einem
Kreis um sich. Sie kommen in der windgeschützten Mitte ei-

together out of the wind at the center of a sparkling, circular crater left by a meteorite which had fallen in a bed of chalk. Its glassy walls are chalk white, its flat floor is covered with white gravel, and it is well-drained, and dry. No vegetation grows within. When the moon rises above it, the light reflecting off the walls fills the crater with a pool of moonlight, so that it is twice as bright on the crater floor as anywhere else in that vicinity. Scientists speculate that originally the full moon had reminded the two bears of the circus spotlight, and for that reason they danced. Yet, it might be asked, what music do the descendants dance to?

Paw in paw, stepping in unison ... what music can they possibly hear inside their heads as they dance under the full moon and the Aurora Australis, as they dance in brilliant silence?

nes glitzernden, kreisrunden Kraters zusammen, den ein herabstürzender Meteorit im Kalkgestein hinterlassen hat. Die glasigen Ränder sind kalkweiß, und den flachen Boden, der gut entwässert und trocken ist, bedeckt weißer Kies. In seinem Innern wächst nichts. Wenn der Mond darüber aufgeht, wird sein Schein von den Kraterrändern zurückgeworfen und taucht alles in Licht, so dass es am Boden des Kraters doppelt so hell ist wie in der Umgebung. Wissenschaftler nehmen an, dass der Vollmond die beiden Bären ursprünglich an den Zirkusscheinwerfer erinnerte und dass sie deshalb tanzten. Zu welcher Musik aber, so könnte man fragen, tanzen ihre Nachfahren?

Tatze an Tatze, die Schritte im Gleichtakt … welche Musik mögen sie wohl im Ohr haben, wenn sie unter dem Vollmond und dem Südlicht tanzen, wenn sie in glänzender Stille tanzen?

Steve Walker
The Small Horse

I thought it was a mouse at first, and wasn't bothered. Living in a place like this, one must expect
the odd mouse. True: it whinnied in the night and
woke me up more than once. I climbed out of bed,
pulled back the curtains and looked through slee-
py eyes at the closed warehouse over the road. I
thought the whinnies came from there. True, also:
it clip-clopped behind the skirting-board, just like
a horse would if horses were small. But I didn't
think of that. I took it to be a heavy-footed rodent.

I first saw it one Sunday tea-time – the most
miserable time of the week for me; I turn off the
TV to avoid the religious programmes and, left
with nothing to do, I become miserable: always
do. I was buttering some bread when I heard horses' noises. I glanced. Wow! There it was, hoof-
ing the lino by the larder door. A small horse!
No larger, indeed, than an underfed mouse –
ribs showing, eyes popping. I watched it carefully, stood still with bread in one hand and knife
with a scoop of butter on it in the other. Yes, it
was certainly, most definitely, a horse, a small
horse.

I must say, I've always been the same, ever since
I passed twenty. I used to be a songwriter then, or
thought I was, but all my songs had been turned
down and I was at breaking point. Nothing what-
soever had gone right for me. I'd recently started
my present job, and told a salesman I worked with
about my problem.

Steve Walker
Das kleine Pferd

Zuerst dachte ich, es sei eine Maus, und kümmerte mich nicht
darum. Wenn man in so einem Haus wohnt, muss man ab und
zu mit Mäusen rechnen. Gewiss, da war nachts ein Wiehern,
das mich mehr als einmal weckte. Ich stand auf, zog die Vorhänge zurück und sah schläfrig zu dem leerstehenden Lagerhaus auf der anderen Straßenseite hinüber. Ich dachte, das
Wiehern käme vielleicht von dort. Gewiss, hinter der Scheuerleiste war ein Hufeklappern wie von winzigen Pferden zu
hören. Aber an Pferde dachte ich gar nicht. Ich nahm eher an,
es handele sich um ein schwerfälliges Nagetier.

Zum ersten Mal sah ich es an einem Sonntagnachmittag –
für mich die bedrückendste Zeit in der ganzen Woche. Den
Fernseher schalte ich dann wegen der religiösen Sendungen
immer aus, und weil es nichts anderes zu tun gibt, werde ich
jedes Mal ganz trübsinnig. Ich war gerade dabei, mir ein Brot
zu schmieren, als ich das Geräusch von Pferdehufen hörte. Ich
blickte auf. Wahrhaftig! Da war es und trabte über das Lino-
leum zur Speisekammer. Ein kleines Pferd! Nicht größer als
eine unterernährte Maus, die Rippen deutlich zu sehen und
mit hervortretenden Augen. Ich betrachtete es genau, während ich, in der einen Hand das Brot und in der anderen das
Messer mit etwas Butter, reglos dastand. Ja, das war eindeu-
tig und zweifellos ein Pferd, ein kleines Pferd.

Ich muss sagen: Seit ich zwanzig war, habe ich mich nicht
verändert. Damals war ich ein Liedermacher, zumindest hielt
ich mich dafür, aber niemand wollte meine Lieder haben, und
ich war kurz davor schlappzumachen. Immer hatte ich nur
Pech. Gerade erst hatte ich meine jetzige Stelle angetreten,
und einem Verkäufer, mit dem ich zusammenarbeitete, erzählte ich von meinem Problem.

"Give it up," he jeered at me. "You've got a good job here. Give it up. You'll never make it!"

What he really meant was: You're an ordinary bloke, like me. You've no business thinking you're a songwriter. People like us aren't songwriters.

He was correct, of course. I followed his advice, but note now that ever since, it seems to me, I've avoided people and things that could be judged as being out of the ordinary. So what was I to do when confronted with the crisis of having a small horse infesting my flat? I needed advice, but only knew ordinary people. I told one or two and they said: "Come on, man – stop pulling our leg." And they proceeded to avoid me for the next few days.

I told Mr Ducksbury, my sales-manager. He reacted the same, then started showing me new photos of his grandchildren.

"No. No. Really. I'm serious," I said.

"Oh, yeah. A small horse? There's no such thing."

"But there is – I've seen one."

"Then why's no one else ever seen one? What makes you so special?"

There was a young man who'd worked part-time in the packing department for a bit. I'd avoided talking to him at the time, even when I needed to check on a stock-level, because someone had said he was a painter – oils and all that. I looked up his address in the files. It was near one of my calls – I went there that very day.

"Excuse me."

"Yes."

"You may remember me from Hollis's. Can I come in for a moment?"

He let me in.

«Gib's auf», sagte er spöttisch. «Hier hast du doch einen guten Job. Gib's auf. Du schaffst es nie.»

Was er tatsächlich sagen wollte, war: Du bist ein Durchschnittstyp wie ich. Bilde dir nur nicht ein, du seist ein Liedermacher. Leute wie wir sind nun mal keine Liedermacher.

Er hatte natürlich recht. Ich habe seinen Rat befolgt, und man beachte, dass ich seither immer, wie mir scheint, Leuten und Dingen, die man als ungewöhnlich bezeichnen könnte, aus dem Weg gegangen bin. Was sollte ich also in dieser verrückten Situation tun, in der mich ein kleines Pferd in meiner Wohnung heimsuchte? Ich brauchte einen Rat, aber ich kannte nur durchschnittliche Leute. Einem oder zweien habe ich davon erzählt, aber sie sagten: «Hör auf, Mann, erzähl uns keinen Quatsch!» Und dann ließen sie mich ein paar Tage lang links liegen.

Ich erzählte Mr. Ducksbury davon, meinem Verkaufsleiter. Er reagierte genauso und fing dann an, mir die neuesten Fotos von seinen Enkeln zu zeigen.

«Nein, nein. Wirklich. Ich meine es ernst», sagte ich.

«Soso. Ein kleines Pferd? Das gibt's doch gar nicht.»

«Doch! Ich hab's ja gesehen.»

«Und warum hat sonst noch niemand so was gesehen? Was ist denn so Besonderes an dir?»

Mir fiel ein junger Mann ein, der eine Zeitlang halbtags in unserer Verpackungsabteilung gearbeitet hatte. Damals war ich ihm aus dem Weg gegangen, sogar dann, wenn ich die Lagerbestände überprüfen musste, weil mir jemand erzählt hatte, er male – Ölbilder und so. Ich sah in der Kartei nach, wo er wohnte. Es war nicht weit von einer meiner Lieferadressen, und ich ging noch am selben Tag hin.

«Entschuldigen Sie bitte.»

«Ja?»

«Ich arbeite bei Hollis, vielleicht erinnern Sie sich. Kann ich Sie einen Augenblick sprechen?»

Er ließ mich herein.

There were two naked girls seated back to back on a dais thing. He was painting them, all in orange. I was highly embarrassed. One put on a dressing-gown and went to make a pot of tea, but the other just sat there scratching herself. I never got the tea, and didn't gabble through much of my story to the young man, either. He grew sarcastic very quickly and asked me to leave. The girls started laughing as he prodded me out.

When I got back home the horse was drinking from a saucer of milk I'd left out for it. I poured some breakfast cereal into my hand and offered it for the thing to eat. It stood thinking, but wouldn't dare come. I got bored of crouching there, so went off to watch TV.

But I tried to get it to eat from my hand every time I saw it and, at last, a fortnight later, mid-morning – I hadn't bothered to go to work – it trotted up and ate contentedly from my hand. I was thrilled to see it close up. With my feeding, it had put on some weight. What a perfect little thing it was! But, being the way I am, I couldn't tolerate its mystery, its extraordinariness. I decided to kill it, to put poison down and be rid of it.

As soon as this thought entered my mind, the horse gave me a quick look, reared, and galloped away. I pulled off my shoe and threw it after. But my aim was bad; the horse disappeared unharmed through the hole where the plug used to be when I had the old fridge.

A few nights later, I woke up scared. A dream, I thought, already forgotten – or was the horse in my bedroom? I was suddenly petrified of it, as if it were a spider. I searched the bedsheets, looked un-

Auf einer Art Podest saßen zwei nackte Mädchen Rücken an Rücken. Er war dabei, sie zu malen, ganz in Orange. Das war mir sehr peinlich. Eine von ihnen zog sich einen Morgenmantel über und ging, um Tee zu machen, aber die andere saß einfach da und kratzte sich. Den Tee habe ich nie bekommen, und von meiner Geschichte konnte ich auch nicht viel loswerden. Der junge Mann wurde sehr schnell bissig und forderte mich auf zu verschwinden. Die Mädchen fingen an zu lachen, als er mich hinausschubste.

Als ich nach Hause kam, trank das Pferd gerade Milch aus einer Untertasse, die ich ihm hingestellt hatte. Ich schüttete mir ein paar Cornflakes auf die Hand und hielt sie dem Wesen hin. Es stand da und überlegte, wagte aber nicht näher zu kommen. Als es mir langweilig wurde, so dazuhocken, ging ich und machte den Fernseher an.

Aber jedes Mal, wenn ich es sah, wollte ich, dass es mir aus der Hand frisst, und nach vierzehn Tagen, an einem Vormittag – ich hatte keine Lust gehabt, zur Arbeit zu gehen – war es soweit: es kam angetrabt und fraß mir zufrieden aus der Hand. Ich freute mich riesig, es aus der Nähe zu sehen. Dank meiner Pflege hatte es etwas zugenommen. Was für ein vollkommenes kleines Wesen es war! Aber wie ich nun mal bin, konnte ich es nicht ertragen, dass es so rätselhaft und außergewöhnlich war. Ich beschloss, es zu töten – Gift zu streuen, um es loszuwerden.

Kaum war mir dieser Gedanke gekommen, da warf mir das Pferd einen kurzen Blick zu, bäumte sich auf und galoppierte davon. Ich zog schnell einen Schuh aus und warf ihn hinterher. Aber ich hatte schlecht gezielt, und das Pferd verschwand unverletzt durch das Loch an der Stelle, wo die Steckdose war, als ich noch meinen alten Kühlschrank hatte.

Ein paar Nächte danach wachte ich mit klopfendem Herzen auf. Ein Traum, dachte ich, schon vergessen – oder war etwa das Pferd in meinem Schlafzimmer? Plötzlich war ich wie versteinert, als ob es sich um eine Spinne handelte. Ich durch-

der the furniture, checked the skirting-board for cracks, new or old. Nothing. Once again I pulled back the curtains to look at that closed warehouse over the road. I'd always had my suspicions about it, and this time it could be tiny lights shining behind the filthy grilled windows at pavement level.

I got dressed at once, put a torch in my pocket and hurried over. I stood right in front of the grilled windows – but they were too filthy; I couldn't see anything through them.

There was an old door there, on crusty hinges. I kicked it open, two kicks. I switched on my torch and went inside. I was in a foreman's office: cabinets, desks and such still there. A twelve-year-old calendar was on the wall.

I listened. Yes – a mouse-like scratching. This was surely where my small horse had come from, and maybe, I figured, there'd be a whole herd in the warehouse somewhere.

In the light from my torch nothing had any colour. I walked on battered floorboards towards the main storeroom. A tall, wooden sliding door barred my way. I could find no handle and my pushing and coaxing wouldn't budge the thing. I gave it a kick but it was thick and solid and didn't feel it.

What else could I do? I gave up and turned to go. But after only a few steps, I heard the sliding door open behind me. I jumped in fright. Had I pressed a button without realizing it? Was there someone there?

I shone my torch. It flitted across a huge ceiling, showing smashed skylights with the night above. Then I waved it around the warehouse floor.

suchte die Bettlaken, sah unter die Möbel, überprüfte die Scheuerleiste auf alte oder neue Risse. Nichts. Wieder zog ich die Vorhänge zurück und sah zu dem verlassenen Lagerhaus jenseits der Straße hinüber. Ich hegte schon lange einen Verdacht, und diesmal waren dort kleine Lichter hinter den schmutzigen Scheiben der vergitterten Kellerfenster zu sehen.

Schnell zog ich mich an, steckte eine Taschenlampe ein und eilte hinüber. Ich stand dicht vor den vergitterten Fenstern, aber sie waren zu stark verschmutzt. Ich konnte dahinter nichts erkennen.

Es gab da eine alte Tür mit völlig verrosteten Scharnieren. Ein, zwei Fußtritte, und sie war offen. Ich knipste meine Taschenlampe an und ging hinein. Ich befand mich im Büro eines Vorarbeiters: Aktenschränke, Schreibtisch und so weiter waren noch da. An der Wand hing ein zwölf Jahre alter Kalender.

Ich lauschte. Da – ein Scharren wie von einer Maus. Von hier musste mein kleines Pferd gekommen sein, und vielleicht, überlegte ich, gab es irgendwo in diesem Lagerhaus eine ganze Herde von ihnen.

Im Schein meiner Taschenlampe wirkte alles farblos. Auf ausgetretenen Holzböden ging ich zur großen Lagerhalle. Eine hohe Schiebetür aus Holz versperrte mir den Weg. Ich konnte keinen Türgriff finden, und so sehr ich auch zog und rüttelte, das Ding gab nicht nach. Ich trat dagegen, aber die Tür war dick und massiv und bewegte sich nicht.

Was sollte ich tun? Ich gab auf und wandte mich zum Gehen. Aber nach wenigen Schritten hörte ich, wie sich die Schiebetür hinter mir öffnete. Erschrocken zuckte ich zusammen. Hatte ich unbemerkt auf einen Knopf gedrückt? War da jemand?

Ich leuchtete mit meiner Taschenlampe hierhin und dorthin, und in ihrem Lichtkegel waren eine hohe Decke und zerborstene Dachfenster zu erkennen, und darüber die Nacht. Dann richtete ich sie auf den Boden der Lagerhalle.

There were horses, yes, quite a few, just like the one in my flat. But also, everywhere, as if assembled to witness some spectacular event, were people, tiny people. Thousands and thousands of them – all just as tall as a little finger. Most were naked, some wore paper hats and carried spears of broken glass. Lots of them were huddled around little fires they'd made. They stood still in my torchlight, but where my torch couldn't catch, some were running.

I'm home now, in bed with the light on. I'm going to sit up all night reading the Bible out loud.

Tatsächlich, da waren Pferde, sogar eine ganze Menge, und alle genau wie das aus meiner Wohnung. Aber außerdem waren überall, als hätten sie sich versammelt, um einem besonderen Schauspiel beizuwohnen, Menschen – winzige Menschen. Tausende und Abertausende – und alle nicht größer als mein kleiner Finger. Die meisten waren unbekleidet, einige trugen Papierhüte und Speere aus Glassplittern. Viele von ihnen kauerten um kleine Feuer, die sie entfacht hatten. Im Schein meiner Taschenlampe verharrten sie regungslos, aber dort, wo das Licht sie nicht einfing, rannten einige davon.

Ich bin jetzt wieder zu Hause, in meinem Bett, und habe das Licht an. Ich werde die ganze Nacht aufbleiben und laut aus der Bibel vorlesen.

The Film Fan

A man goes into a cinema with his dog to watch a film. It's a romantic comedy and when there's a funny scene the dog starts laughing. A little later on there's a sad part and suddenly the dog starts crying.

This goes on throughout the entire film, laughing and crying at all the right places. A man sitting a few rows back has witnessed the entire thing and decides to follow the man out. In the foyer, he approaches the dog owner and says, "That's truly amazing!"

"It certainly is," the dog owner replied, "he hated the book!"

The Penguins' Trip

A police officer sees a man driving around with a pick-up truck full of penguins. He pulls the guy over and says: "You can't drive around with penguins in this town! Take them to the zoo immediately."

The guy says OK, and drives away.

The next day, the officer sees the guy still driving around with the truck full of penguins, and they're all wearing sun glasses. He pulls the guy over and demands: "I thought I told you to take these penguins to the zoo yesterday?"

The guy replies: "I did ... today I'm taking them to the beach!"

Der Filmliebhaber

Ein Mann geht mit seinem Hund ins Kino, um einen Film an-
zusehen. Es ist eine Liebeskomödie, und bei jeder komischen
Szene fängt der Hund an zu lachen. Als dann eine traurige
Stelle kommt, beginnt der Hund plötzlich zu weinen.

Das geht während des ganzen Films so. Der Hund lacht und
weint immer an den richtigen Stellen.

Ein anderer Mann ein paar Reihen weiter hinten beobach-
tet das und beschließt, dem Mann nach draußen zu folgen.
Im Foyer geht er auf den Hundebesitzer zu und sagt: «Das
ist ja ganz erstaunlich!»

«Stimmt», antwortet der Mann mit dem Hund, «das Buch
hat ihm nämlich überhaupt nicht gefallen.»

Ausflug der Pinguine

Ein Polizist sieht einen Mann mit einem Lieferwagen voller
Pinguine herumfahren. Er hält den Mann an und sagt: «Sie
können nicht einfach Pinguine durch die Stadt kutschieren.
Fahren Sie sofort mit ihnen in den Zoo.»

Der Mann verspricht es und fährt weiter.

Am nächsten Tag sieht der Polizist den Mann wieder mit
dem Lieferwagen voller Pinguine, die diesmal alle Sonnenbril-
len tragen. Er hält den Mann an und fragt streng: «Habe ich
Ihnen gestern nicht gesagt, Sie sollen mit den Pinguinen in
den Zoo fahren?»

Erwidert der Mann: «Das habe ich ja gemacht, und heute
fahre ich mit ihnen ans Meer.»

John Barth
Two Meditations

Niagara Falls

She paused amid the kitchen to drink a glass of
water; at that instant, losing a grip of fifty years,
the next-room-ceiling-plaster crashed. Or he
merely sat in an empty study, in March-day glare,
listening to the universe rustle in his head, when
suddenly the five-foot shelf let go. For ages the
fault creeps secret through the rock; in a second,
ledge and railings, tourists and turbines all thun-
der over Niagara. Which snowflake triggers the
avalanche? A house explodes; a star. In your
spouse, so apparently resigned, murder twitches
like a fetus. At some trifling new assessment, all
the colonies rebel.

Lake Erie

The wisdom to recognize and halt follows the
know-how to pollute past rescue. The treaty's
signed, but the cancer ticks in your bones. Until
I'd murdered my father and fornicated my mother
I wasn't wise enough to see I was Oedipus. Too
late now to keep the polar cap from melting.
Venice subsides; South America explodes.

Let's stab out our eyes.

Too late: our resolve is sapped beyond the
brooches.

John Barth
Zwei Meditationen

Niagarafälle

Sie blieb mitten in der Küche stehen, um ein Glas Wasser zu
trinken; in diesem Augenblick fiel im Zimmer nebenan die
Stuckdecke, die fünfzig Jahre gehalten hatte, herunter. Oder er
saß einfach in einem leeren Arbeitszimmer, im grellen März-
licht, und lauschte dem Rauschen des Universums in seinem
Kopf, als plötzlich die zwei Meter hohe Bücherwand umfiel.
Lange Zeit kriecht der Riss heimlich durch den Fels; innerhalb
einer Sekunde donnern Plattform und Geländer, Touristen
und Turbinen die Niagarafälle hinunter. Welche Schneeflocke
löst die Lawine aus? Ein Haus explodiert; ein Stern. In deinem
Ehepartner, obwohl er scheinbar resigniert hat, regt sich Mord
wie ein Fötus. Aufgrund einer unbedeutenden Steuerabgabe
beginnen sämtliche Kolonien zu rebellieren.

Erie-See

Die Weisheit, einzusehen und aufzuhalten, folgt der Fähig-
keit, rettungslos zu verschmutzen. Der Vertrag ist unter-
schrieben, aber der Krebs tickt in deinen Knochen. Erst als
ich meinen Vater ermordet und mit meiner Mutter Unzucht
getrieben hatte, war ich so klug zu verstehen, dass ich Ödi-
pus bin. Zu spät, das Schmelzen des Polareises zu verhindern.
Venedig geht unter; Südamerika explodiert.

Stechen wir uns die Augen aus.

Zu spät: Unsere Entschlusskraft ist für Nadeln schon zu
schwach.

Edna O'Brien
Mary

Dear Sadie

I am in the toilet as it's the only place I get a bit of
peace. She is calling me down to do the dinner as I
am a good cook and she is not. He raised ructions
yesterday about cabbage water and I got red and
you won't believe it but he smiled straight into my
face. He never smiles at her. If I tell you a secret
don't tell anyone. She sees another man. Didn't I
walk straight into them the night I was to meet
Tom Dooley and he never came. Next day she gave
me a frock of hers, I suppose so's I'd keep my mouth
shut. And now I am in a fix because she expects
me to wear it when I go dancing and I want to
wear a frock of my own. It is brushed wool, mine
is, and I know it is brushed wool but I am not telling her.

Tom Dooley came the next night. He got the
nights mixed up, a good job I was there. We went
for a walk in the park opposite this house – there's
a park, I told you that, didn't I? It's nice in the
summer because there's a pavilion where they sell
ice cream and stuff but dead boring in the winter.
Anyhow we had a walking race through the woods
and he beat me blind and I got so winded I had to
sit down and he sat next to me and put his arms
around me. Then he kissed me and all of a sudden
he raised the subject of *sex* and I nearly died. I got
such a fright that I took one leap off the seat and
tore across the field and he tore after me and put
his arms around me and then I burst out crying,

Edna O'Brien
Mary

Liebe Sadie,
ich bin in der Toilette, weil das der einzige Ort ist, wo ich ein
bisschen Ruhe habe. Sie ruft gerade, ich soll runterkommen
und das Abendessen machen, denn ich kann gut kochen und
sie nicht. Gestern hat er Krawall gemacht, weil der Kohl wäss-
rig war, da ich bin rot angelaufen, aber du wirst es nicht glauben, er hat mich angelächelt. Ihr lächelt er nie zu. Ich verrate
dir jetzt was, aber du darfst es nicht weitersagen. Sie trifft
sich mit einem anderen. Die beiden sind mir nämlich neulich
abend begegnet, als ich mit Tom Dooley verabredet war und
er nicht kam. Am nächsten Tag hat sie mir ein Kleid von sich
geschenkt, wahrscheinlich, damit ich den Mund halte. Und
jetzt stecke ich in der Klemme, denn sie erwartet, dass ich es
anziehe, wenn ich tanzen gehe, aber ich will lieber mein eigenes tragen. Es ist nämlich aus feiner Wolle, mein Kleid, das
weiß ich genau, aber ich sag nichts.

Tom Dooley kam dann am nächsten Abend. Er hatte sich
im Abend geirrt, nur gut, dass ich zu Hause war. Wir haben
einen Spaziergang gemacht im Park gegenüber – ich hab dir
bestimmt gesagt, dass da ein Park ist, oder? Im Sommer ist
es dort schön, denn dann gibt es einen Stand mit Eis und so,
aber im Winter ist es todlangweilig. Na, wir haben dann einen Wettlauf gemacht, und er hat mit Abstand gewonnen; ich
war so außer Atem, dass ich mich setzen musste, und er hat
sich neben mich gesetzt und seinen Arm um mich gelegt.
Dann hat er mich geküsst, und auf einmal redet er von *Sex*,
und ich wäre fast gestorben. Ich bin von der Bank aufgesprun-
gen und quer über die Wiese gerannt, und er ist mir nachge-
rannt und hat mich in den Arm genommen, und dann habe ich
losgeheult, ich weiß nicht, warum. Dann musste ich zurück,

I don't know why. And I had to come in home and
when I did he was here by himself. She's always out.
Goes to pubs on her own or wandering around the
road gathering bits of branches saying how sad and
how beautiful they are. Did you ever hear such non-
sense in all your life. She wouldn't darn a sock. Anyhow he was here listening to music. He always is. And
he called me in to warm my feet and sat me down
and we hardly said one word except that he asked me
was I all right and I had to say something, so I said I
got a smut in my eye. Didn't he get an eye-glass and
was poking away at it with a little paint brush and
didn't she come in real quiet in her crêpe-soled shoes.

'Oh, togetherness,' she said in her waspy voice
and you wouldn't see me flying up the stairs to bed.
Next morning – and you mustn't breathe this to a
soul – she was up at cockcrow. Said she had heart-
burn and went out to do some weeding. It's winter
and there's nothing in those flower beds only clay.
Guess what, wasn't she waiting for the postman and
no sooner had he come than she was all smiles and
making coffee and asking me what kind of dancing
did I like, and didn't the phone ring and when she
tripped off to answer it I had a gawk at the letter
she got. I could only scan it. Real slop. It was from
a man. It said darling be brave. See you a. m. Now I
haven't told you this but I love their child. He has
eyelashes as long as daisies and lovely and black.
Like silk. I admired them one day and he wanted to
pull one out for me. I'd do anything for that kid.

Anyhow I discovered where she keeps the letters
– under the hall carpet. She presses flowers there
too. Of course if I wanted to, I could show them to
hubby, find them, pretend I didn't know what they

und da war nur er im Haus. Sie geht immer weg. Geht allein in Kneipen oder geht die Straße runter und sammelt Zweige auf und sagt, wie traurig und wie schön sie aussehen. Hast du je im Leben so einen Quatsch gehört? Socken würde die nie stopfen. Na, jedenfalls saß er da und hörte Musik. Das macht er immer. Und er rief mich rein, ich sollte mich setzen und mir die Füße wärmen, aber wir haben fast nichts geredet. Er hat nur gefragt, ob alles in Ordnung sei, und da musste ich ja was sagen, und ich hab gesagt, mir sei was ins Auge geflogen. Und da hat er wahrhaftig ein Augenschälchen geholt und mit einem Pinselchen herumgefummelt, und in dem Augenblick kommt sie herein, ganz leise auf ihren Kreppsohlen.

«Oh, traute Zweisamkeit», sagt sie spitz, und du hättest mal sehen sollen, wie schnell ich die Treppe hinauf und im Bett war. Am nächsten Morgen – aber davon darfst du niemandem was sagen – war sie in aller Herrgottsfrühe auf. Behauptete, sie habe Sodbrennen, und ging raus, um Unkraut zu jäten. Dabei haben wir Winter, und in diesen Blumenbeeten ist nur Erde. Und was soll ich dir sagen, da wartete sie doch auf den Briefträger, und kaum war er dagewesen, strahlte sie und machte Kaffee und fragte mich, welche Tänze ich mag, und in dem Augenblick klingelte das Telefon, und als sie davonstakste, um dranzugehen, riskierte ich einen Blick auf den Brief, den sie bekommen hat. Konnte ihn nur überfliegen. Ziemlich krakelig. Von einem Mann. Sei tapfer, Liebste, stand da. Wir sehen uns am Vormittag. Eins hab ich dir noch gar nicht gesagt, ich liebe ihren Kleinen. Er hat Wimpern so lang wie Gänseblümchen, wunderschön und schwarz. Wie Seide. Einmal habe ich sie bewundert, und da wollte er sich eine ausreißen und mir schenken. Für dieses Kind würde ich alles tun.

Na, jedenfalls habe ich entdeckt, wo sie die Briefe aufbewahrt, nämlich unter dem Teppich im Flur. Da presst sie auch Blumen. Wenn ich wollte, könnte ich sie natürlich ihrem Mann zeigen, sie zufällig finden und mich ahnungslos stellen.

were. I'm not sure whether I will or not, I heard him telling her once that he'd take the kid and go to Australia. I'd love to go. The kid has a pet name – he's called Buck – and he loves bread and jam and I think he prefers me to her. I have to go now as she's calling me. Not a word to my mother about this. I'll let you know developments.
Your fond friend
Mary

PS I am thinking of changing my name. How do you like the sound of Myrtle?

Ich bin noch nicht sicher, ob ich es tue. Ich hab mal gehört, wie er zu ihr sagte, dass er mit dem Kind nach Australien gehen würde. Da ginge ich gern mit. Der Kleine hat einen Kosenamen – er wird Buck genannt – und er liebt Marmeladenbrot, und ich glaube, er mag mich mehr als sie. Muss jetzt gehen, denn sie ruft nach mir. Sag meiner Mutter kein Wort! Ich schreib dir, wie es weitergeht.
Deine gute Freundin
Mary

P. S. Ich überlege, ob ich meinen Namen ändern soll. Wie gefällt dir Myrtle?

Paul O'Neill
Phase in Space

Phase was lost. There was no question about it. At first, the jungle had seemed a nice enough place – full of interesting birds and animals, and lots of smoke-able plants growing all around.

Now, four days later, the plants had all been too damp to light, the birds kept him awake at night and Phase had yet to encounter an animal which did not try to attack him. Scratch that. He had yet to encounter an animal which did not succeed in attacking him.

Now he was lost in an uninhabited, alien jungle on a far away planet in a completely parallel universe and those drums were driving him insane.

The impossibility of drumming in an uninhabited jungle hit him about the same time as the spearbutt from out of the bushes to his left.

He awoke to find himself sat in a clearing surrounded by about four dozen young women wearing the sort of fur bikini that would have made Raquel Welch give up and go home.

He very carefully didn't pinch himself in case he was dreaming.

"Hello," he said, still quite dazed from the attack.

Several of the younger ones (aged around 18) took flight across the clearing towards the mud huts that surrounded it. "My God!" he thought "They look almost as good from that angle as they do from this."

The eldest woman there (23ish) looked him up and down.

"You are male?" she asked.

Paul O'Neill
Phase im All

Kein Zweifel, Phase hatte sich verirrt. Zuerst fand er es im Dschungel ganz schön – überall gab es bemerkenswerte Vögel und Tiere, und um ihn herum wuchs allerhand, das so aussah, als könnte man es rauchen.

Jetzt, vier Tage später, war klar, dass die Pflanzen zum Rauchen zu feucht waren, die Vögel ließen Phase nachts nicht schlafen, und ein Tier, das ihn nicht angreifen wollte, musste er erst noch finden. Korrektur: Er musste erst noch ein Tier finden, das ihn nicht schon erfolgreich angegriffen hatte.

Nun irrte er durch einen unbewohnten, feindseligen Dschungel auf einem fernen Planeten in einem parallelen Universum, und die Trommeln trieben ihn zum Wahnsinn.

Der Gedanke, dass es in einem unbewohnten Dschungel keine Trommeln geben konnte, traf ihn genauso schlagartig wie der Speerschaft aus dem Gebüsch zu seiner Linken.

Als er wieder aufwachte, sah er sich auf einer Waldlichtung von etwa vier Dutzend junger Frauen umringt. Beim Anblick der Pelzbikinis, die sie trugen, wäre Raquel Welch vor Neid erblasst.

Er vermied es, sich in den Arm zu kneifen, für den Fall, dass er nur träumte.

«Hallo», sagte er, noch immer benommen nach dem Schlag auf den Kopf.

Einige der jüngeren Frauen (kaum älter als 18) flüchteten zu den Lehmhütten, die im Kreis um die Lichtung standen. «Mein Gott!» dachte er, «aus der Entfernung sehen sie genauso gut aus wie aus der Nähe.»

Die älteste der Frauen (um die 23 Jahre) musterte ihn aufmerksam.

«Bist du ein Mann?» erkundigte sie sich.

"You can't tell?" he replied, trying to keep the tremor out of his voice.

"All our men were killed several years ago in a bizarre accident involving a herd of Tortoise. Don't ask. We have spent the last few years searching the jungle for more men to help with the whole 'having children' thing."

Phase quietly resolved never to pinch himself again for as long as this lasted, just in case.

"So, when do I start?"

"Right away, if you like," said the tall brunette to his left.

Phase rubbed his hands with glee.

"The children are over here," said a redhead.

Phase was confused. "Children?"

"Yes," informed a blonde, "we have more than enough men for the first bit. This jungle was full of tribes whose males were only too willing to volunteer. But we're much too busy having sex to raise the children ourselves. So any other men are assigned the task of looking after them."

The first girl took his arm. "Don't worry, the rest of your life will just fly by if you concentrate on changing nappies and not trying to escape in any way." She looked puzzled. "Why are you pinching yourself like that?"

«Siehst du das nicht?» fragte er und versuchte, das Zittern in seiner Stimme zu verbergen.

«Alle unsere Männer kamen vor mehreren Jahren bei einem seltsamen Unfall, an dem eine Herde Schildkröten beteiligt war, ums Leben. Frag nicht weiter. Die letzten Jahre haben wir damit zugebracht, den Dschungel nach Männern zu durchsuchen, die uns dabei helfen, Kinder zu haben.»

Phase beschloss im stillen, sich auf keinen Fall in den Arm zu zwicken, solange das so weiterging.

«Und wann soll ich damit anfangen?»

«Jetzt gleich, wenn du möchtest», sagte die große Brünette links neben ihm.

Erfreut rieb sich Phase die Hände.

«Die Kinder sind dort drüben», sagte eine Rothaarige.

Phase stutzte. «Kinder?»

«Ja», bestätigte eine Blondine. «Für den ersten Teil haben wir mehr als genug Männer. In diesem Dschungel wimmelte es von Stämmen, deren Männer sich nur zu gerne zur Verfügung stellten. Aber wir sind viel zu sehr mit dem Sex beschäftigt, um die Kinder auch noch großzuziehen; darum werden andere Männer mit der Aufgabe betraut, sich um sie zu kümmern.»

Das erste Mädchen nahm ihn beim Arm. «Keine Sorge, der Rest deines Lebens wird wie im Flug vergehen, sofern du dich darauf konzentrierst, Windeln zu wechseln, und nicht ans Weglaufen denkst.» Verwundert sah sie ihn an. «Warum zwickst du dich denn so?»

The Computer Programmer and the Princess

A man was crossing a road one day when a frog called out to him and said, "If you kiss me, I'll turn into a beautiful princess." He bent over, picked up the frog, and put it in his pocket. The frog spoke up again and said, "If you kiss me and turn me back into a beautiful princess, I will tell everyone how smart and brave you are and how you are my hero." The man took the frog out his pocket, smiled at it, and returned it to his pocket.

The frog spoke up again and said, "If you kiss me and turn me back into a beautiful princess, I will be your loving companion for an entire week." The man took the frog out of his pocket, smiled at it, and returned it to his pocket.

The frog then cried out, "If you kiss me and turn me back into a princess, I'll stay with you for a year and do ANYTHING you want." Again the man took the frog out, smiled at it, and put it back into his pocket.

Finally, the frog asked, "What is the matter? I've told you I'm a beautiful princess, that I'll stay with you for a year and do anything you want. Why won't you kiss me?" The man said, "Look, I'm a computer programmer. I don't have time for a girl-friend, but a talking frog is cool."

Der Programmierer und die Prinzessin

Ein Mann überquert eines Tages die Straße, da spricht ihn ein Frosch an und sagt: «Wenn du mich küsst, verwandle ich mich in eine wunderschöne Prinzessin.» Der Mann beugt sich hinunter, nimmt den Frosch und steckt ihn in seine Tasche. Da meldet sich der Frosch wieder und sagt: «Wenn du mich küsst und mich wieder in eine wunderschöne Prinzessin verwandelst, werde ich allen erzählen, wie klug und mutig du bist und wie sehr ich dich anhimmle.» Der Mann nimmt den Frosch aus der Tasche, grinst und steckt ihn wieder zurück.

Da meldet sich der Frosch noch einmal und sagt: «Wenn du mich küsst und mich wieder in eine wunderschöne Prinzessin verwandelst, werde ich dir eine Woche lang eine liebende Gefährtin sein.» Der Mann nimmt den Frosch aus der Tasche, grinst und steckt ihn wieder ein.

Da ruft der Frosch: «Wenn du mich küsst und mich wieder in eine wunderschöne Prinzessin verwandelst, bleibe ich ein ganzes Jahr bei dir und tue alles, was du willst!» Und wieder nimmt der Mann den Frosch aus der Tasche, grinst und steckt ihn wieder ein.

Schließlich fragt der Frosch: «Was ist nur los? Ich hab dir gesagt, dass ich eine wunderschöne Prinzessin bin, dass ich ein Jahr lang bei dir bleibe und alles tun werde, was du willst. Warum küsst du mich denn nicht?» Da sagt der Mann: «Hör zu, ich schreibe Computerprogramme. Für eine Freundin habe ich keine Zeit. Aber ein Frosch, der reden kann – das ist cool.»

Saki
Hermann the Irascible.
A Story of the Great Weep

It was in the second decade of the Twentieth Century, after the Great Plague had devastated England, that Hermann the Irascible, nicknamed also the Wise, sat on the British throne. The Mortal Sickness had swept away the entire Royal Family, unto the third and fourth generations, and thus it came to pass that Hermann the Fourteenth of Saxe-Drachsen-Wachtelstein, who had stood thirtieth in the order of succession, found himself one day ruler of the British dominions within and beyond the seas. He was one of the unexpected things that happen in politics, and he happened with great thoroughness. In many ways he was the most progressive monarch who had sat on an important throne; before people knew where they were, they were somewhere else. Even his Ministers, progressive though they were by tradition, found it difficult to keep pace with his legislative suggestions.

"As a matter of fact," admitted the Prime Minister, "we are hampered by these votes-for-women creatures; they disturb our meetings throughout the country, and they try to turn Downing Street into a sort of political picnic-ground."

"They must be dealt with," said Hermann.

"Dealt with," said the Prime Minister; "exactly, just so; but how?"

"I will draft you a Bill," said the King, sitting down at his type-writing machine, "enacting that women shall vote at all future elections. *Shall* vote, you observe; or, to put it plainer, must. Voting will remain optional, as before, for male electors; but every woman

Saki
Hermann der Aufbrausende.
Die Geschichte vom Großen Weinen

Es geschah im zweiten Jahrzehnt des zwanzigsten Jahrhunderts, nachdem die Große Pest England verwüstet hatte, dass Hermann der Aufbrausende, scherzhaft auch «der Weise» genannt, den britischen Thron bestieg. Die tödliche Krankheit hatte die gesamte königliche Familie bis ins dritte und vierte Glied dahingerafft, und so kam es, dass Hermann der Vierzehnte von Sachsen-Drachsen-Wachtelstein, der an dreißigster Stelle in der Thronfolge gestanden hatte, sich eines Tages zum Herrscher über die britischen Dominions diesseits und jenseits des Meeres ernannt sah. Er war eine jener Überraschungen, wie sie mitunter in der Politik vorkommen, und er überraschte aufs gründlichste. In vieler Hinsicht war er der fortschrittlichste Monarch, der je auf einem bedeutenden Thron gesessen hatte. Noch ehe man so recht wusste, woran man war, war man schon woanders. Selbst seine Minister, obwohl traditionell fortschrittlich, hatten es schwer, mit seinen Gesetzesvorschlägen Schritt zu halten.

«Offen gesagt», räumte der Premierminister ein, «sind uns diese Personen mit ihrem ‹Stimmrecht für Frauen› eine Last. Überall im Land stören sie unsere Versammlungen und versuchen, aus Downing Street eine Art politische Picknickwiese zu machen.»

«Dagegen muss man etwas tun», sagte Hermann.

«Etwas tun», wiederholte der Premierminister. «Ja, ganz recht. Aber was?»

«Ich entwerfe mal ein Gesetz», sagte der König und setzte sich an seine Schreibmaschine, «das besagt, dass Frauen an allen künftigen Wahlen teilnehmen werden. Sie *werden*, verstehen Sie? Oder genauer gesagt, sie müssen. Für Männer bleibt das Wählen freiwillig, wie bisher, aber alle Frauen im

between the ages of twenty-one and seventy will be obliged to vote, not only at elections for Parliament, county councils, district boards, parish-councils, and municipalities, but for coroners, school inspectors, churchwardens, curators of museums, sanitary authorities, police-court interpreters, swimming-bath instructors, contractors, choir-masters, market superintendents, art-school teachers, cathedral vergers, and other local functionaries whose names I will add as they occur to me. All these offices will become elective, and failure to vote at any election falling within her area of residence will involve the female elector in a penalty of £ 10. Absence, unsupported by an adequate medical certificate, will not be accepted as an excuse. Pass this Bill through the two Houses of Parliament and bring it to me for signature the day after tomorrow."

From the very outset the Compulsory Female Franchise produced little or no elation even in circles which had been loudest in demanding the vote. The bulk of the women of the country had been indifferent or hostile to the franchise agitation, and the most fanatical Suffragettes began to wonder what they had found so attractive in the prospect of putting ballot-papers into a box. In the country districts the task of carrying out the provisions of the new Act was irksome enough; in the towns and cities it became an incubus. There seemed no end to the elections. Laundresses and seamstresses had to hurry away from their work to vote, often for a candidate whose name they hadn't heard before, and whom they selected at haphazard; female clerks and waitresses got up extra early to get their voting done before starting off to their places of business. Society women found their arrangements impeded and upset by the continual ne-

Alter zwischen einundzwanzig und siebzig Jahren müssen ihre Stimme abgeben, nicht nur bei Parlamentswahlen und Wahlen zu Bezirksräten, Regionalvertretungen, Gemeinde und Stadträten, sondern auch, wenn Leichenbeschauer gewählt werden oder Schulräte, Kirchenälteste, Museumsdirektoren, Gesundheitsinspektoren, Gerichtsdolmetscher, Schwimmlehrer, Lieferanten, Chorleiter, Marktaufseher, Kunstlehrer, Kathedralendiener und andere Amtsinhaber, deren Bezeichnungen ich noch nachtragen werde, sobald sie mir einfallen. Alle diese Ämter werden zu Wahlämtern, und jede Frau, die sich an einer Wahl innerhalb ihres Wohnbezirks nicht beteiligt, wird mit einer Geldstrafe von zehn Pfund belangt. Fernbleiben ohne ärztliches Attest wird nicht geduldet. Bringen Sie diesen Gesetzentwurf durchs Parlament und legen Sie ihn mir übermorgen zur Unterschrift vor.»

Das Gesetz zur Wahlpflicht von Frauen rief von Anfang an wenig oder gar keine Begeisterung hervor, nicht einmal in den Kreisen, die bisher am lautesten das Wahlrecht gefordert hatten. Die Mehrzahl der Frauen im Land hatte der politischen Werbung für das Stimmrecht ohnehin gleichgültig bis ablehnend gegenübergestanden, und auch die fanatischsten Frauenrechtlerinnen begannen sich zu fragen, was sie an der Aussicht, einen Wahlzettel in eine Urne zu werfen, so anziehend gefunden hatten. War die Durchführung der neuen Gesetzesbestimmungen in den Landkreisen schon lästig genug, so wurde sie in den Städten und Gemeinden zum Alptraum. Die Wahlen schienen kein Ende zu nehmen. Wäscherinnen und Näherinnen mussten ihre Arbeit liegenlassen, um eilig ihre Stimme abzugeben, oft für jemanden, dessen Namen sie noch nie gehört hatten und den sie auf gut Glück wählten. Angestellte und Kellnerinnen standen noch früher auf, um zu wählen, bevor sie an ihren Arbeitsplatz gingen. Damen der Gesellschaft fanden, dass ihre Verabredungen durch die

cessity for attending the polling stations, and week-end parties and summer holidays became gradually a masculine luxury. As for Cairo and the Riviera, they were possible only for genuine invalids or people of enormous wealth, for the accumulation of £ 10 fines during a prolonged absence was a contingency that even ordinarily wealthy folk could hardly afford to risk.

It was not wonderful that the female disfranchisement agitation became a formidable movement. The No-Votes-for-Women League numbered its feminine adherents by the million; its colours, citron and old Dutch-madder, were flaunted everywhere, and its battle hymn, "We Don't Want to Vote," became a popular refrain. As the Government showed no signs of being impressed by peaceful persuasion, more violent methods came into vogue. Meetings were disturbed, Ministers were mobbed, policemen were bitten, and ordinary prison fare rejected, and on the eve of the anniversary of Trafalgar women bound themselves in tiers up the entire length of the Nelson column so that its customary floral decoration had to be abandoned. Still the Government obstinately adhered to its conviction that women ought to have the vote.

Then, as a last resort, some woman wit hit upon an expedient which it was strange that no one had thought of before. The Great Weep was organized. Relays of women, ten thousand at a time, wept continuously in the public places of the Metropolis. They wept in railway stations, in tubes and omnibuses, in the National Gallery, at the Army and Navy Stores, in St. James's Park, at ballad concerts, at Prince's and in the Burlington Arcade. The hitherto unbroken success of the brilliant farcical comedy "Henry's Rabbit" was

fortwährende Notwendigkeit, Wahllokale aufzusuchen, behindert und beeinträchtigt wurden, und Wochenendgesellschaften oder Sommerurlaube wurden nach und nach zu einem Luxus allein für Männer. Orte wie Kairo oder die Riviera waren nur noch für Invalide oder unerhört Wohlhabende erreichbar, denn die Anhäufung von Zehn-Pfund-Strafen während einer längeren Abwesenheit bedeutete ein Risiko, das selbst durchschnittlich Begüterte sich kaum noch leisten konnten.

Es ist daher kein Wunder, dass der Ruf nach Abschaffung des Frauenwahlrechts immer lauter wurde. Die Zahl der Anhängerinnen der Liga «Keine Stimme für Frauen» stieg in die Millionen. Ihre Farben, Zitronengelb und Krapprot, waren überall zu sehen, und ihr Kampflied ‹Wir wollen gar nicht wählen› war in aller Munde. Da die Regierung sich allem Anschein nach von friedlichen Argumenten nicht beeindrucken ließ, griff man immer häufiger zu Gewalt. Versammlungen wurden gestört, Minister bedrängt, Polizisten gebissen und gewöhnliche Gefängniskost verweigert, und am Vorabend der Trafalgar-Feiern wand sich eine lange Kette von aneinandergefesselten Frauen bis hinauf zur Spitze der Nelson-Säule, so dass man auf die üblichen Blumengirlanden verzichten musste. Dennoch hielt die Regierung unbeirrt daran fest, dass Frauen das Wahlrecht zustehe.

Schließlich kam eine Frau als letzte Lösung auf ein Mittel, an das merkwürdigerweise bis dahin niemand gedacht hatte. Das Große Weinen wurde organisiert. Abordnungen von Frauen zu jeweils zehntausend weinten ununterbrochen auf den öffentlichen Plätzen der Hauptstadt. Sie weinten auf Bahnhöfen, in U-Bahnen und Bussen, in der National Gallery, in den «Army and Navy»-Kaufhäusern, im St. James's-Park, bei Liederabenden, im Prince's Club und in der Burlington Arcade. Der bis dahin ungebrochene Serienerfolg der großartigen Komödie ‹Henrys Kaninchen› geriet durch die Anwe-

imperilled by the presence of drearily weeping women in stalls and circle and gallery, and one of the
brightest divorce cases that had been tried for many
years was robbed of much of its sparkle by the
lachrymose behaviour of a section of the audience.

"What are we to do?" asked the Prime Minister,
whose cook had wept into all the breakfast dishes
and whose nursemaid had gone out, crying quietly
and miserably, to take the children for a walk in
the Park.

"There is a time for everything," said the King;
"there is a time to yield. Pass a measure through the
two Houses depriving women of the right to vote,
and bring it to me for the Royal assent the day after
tomorrow."

As the Minister withdrew, Hermann the Irascible,
who was also nicknamed the Wise, gave a profound
chuckle.

"There are more ways of killing a cat than by
choking it with cream," he quoted, "but I'm not
sure," he added "that it's not the best way."

senheit jämmerlich weinender Frauen im Parkett und auf den Rängen in Gefahr, und einer der unterhaltsamsten Scheidungsprozesse, der bereits mehrere Jahre andauerte, verlor viel von seinem Glanz durch das Schluchzen eines Teils des Publikums.

«Was sollen wir tun?» fragte der Premierminister, dessen Köchin alle Frühstücksteller mit ihren Tränen benetzt und dessen Kindermädchen still vor sich hin weinend und tieftraurig das Haus verlassen hatte, um mit den Kindern im Park spazierenzugehen.

«Alles hat seine Zeit», erwiderte der König. «Die Zeit ist reif, um nachzugeben. Bringen Sie einen Erlass durch beide Häuser des Parlaments, wonach die Frauen das Wahlrecht verlieren, und legen Sie ihn mir übermorgen vor, dass ich meine königliche Zustimmung gebe.»

Während der Premierminister sich zurückzog, gluckste Hermann der Aufbrausende, scherzhaft auch «der Weise» genannt, vergnügt in sich hinein.

«Um eine Katze zu töten, muss man sie nicht unbedingt mit Sahne vollstopfen», zitierte er, «aber ich glaube fast», fügte er hinzu, «dass es die beste Methode ist.»

Ambrose Bierce
The Devoted Widow

A widow weeping on her husband's grave was approached by an Engaging Gentleman who, in a respectful manner, assured her that he had long entertained for her the most tender feelings.

"Wretch!" cried the Widow. "Leave me this instant! Is this a time to talk to me of love?"

"I assure you, madam, that I had not intended to disclose my affection," the Engaging Gentleman humbly explained, "but the power of your beauty has overcome my discretion."

"You should see me when I have not been crying," said the Widow.

Jeffrey Whitmore
Bedtime Story

"Careful, honey, it's loaded," he said, re-entering the bedroom.

Her back rested against the headboard. "This for your wife?"

"No. Too chancy. I'm hiring a professional."

"How about me?"

He smirked. "Cute. But who'd be dumb enough to hire a lady hit man?"

She wet her lips, sighting along the barrel. "Your wife."

Ambrose Bierce
Die treue Witwe

Eine Witwe stand weinend am Grab ihres Mannes, als sich ein liebenswürdiger Herr näherte, der ihr auf respektvolle Weise bekannte, dass er schon seit langem zärtliche Gefühle für sie hege.

«Elender!» rief die Witwe aus. «Gehen Sie augenblicklich! Ist das etwa der Augenblick, um von Liebe zu sprechen?»

«Ich versichere Sie, gnädige Frau, dass es nicht meine Absicht war, Ihnen meine Gefühle zu offenbaren», erwiderte der liebenswürdige Herr bescheiden, «aber Ihre überwältigende Schönheit hat mich alle Zurückhaltung vergessen lassen.»

«Sie sollten mich erst einmal sehen, wenn ich nicht geweint habe», sagte die Witwe.

Jeffrey Whitmore
Gute-Nacht-Geschichte

«Vorsichtig, Liebling, der ist geladen», sagte er, als er ins Schlafzimmer zurückkam.

Sie saß zurückgelehnt im Bett. «Ist der für deine Frau bestimmt?»

«Nein, zu riskant. Dafür nehme ich mir einen Profi.»

«Wie wär's mit mir?»

Er schmunzelte. «Netter Gedanke. Aber wer wäre so blöd, einen weiblichen Killer zu heuern?»

Sie fuhr sich mit der Zunge über die Lippen und nahm ihn ins Visier. «Deine Frau.»

James Thurber
The Evening's at Seven

He hadn't lighted the upper light in his office all afternoon and now he turned out the desk lamp. It was
a quarter of seven in the evening and it was dark
and raining. He could hear the rattle of taxicabs and
trucks and the sound of horns. Very far off a siren
screamed its frenzied scream and he thought: it's a
little like an anguish dying with the years. When it
gets to Third Avenue, or Ninety-Fifth Street, he
thought, I won't hear it any more.

I'll be home, he said to himself, as he got up
slowly and slowly put on his hat and overcoat (the
overcoat was damp), by seven o'clock, if I take a
taxicab, I'll say hello, my dear, and the two yellow
lamps will be lighted and my papers will be on my
desk, and I'll say I guess I'll lie down a few minutes
before dinner, and she will say all right and ask two
or three small questions about the day and I'll answer them.

When he got outside of his office, in the street, it
was dark and raining and he lighted a cigarette. A
young man went by whistling loudly. Two girls went
by talking gaily, as if it were not raining, as if this
were not a time for silence and for remembering.
He called to a taxicab and it stopped and he got in,
and sat there, on the edge of the seat, and the driver
finally said where to? He gave a number he was
thinking about.

She was surprised to see him and, he believed,
pleased. It was very nice to be in her apartment

James Thurber
Abends um sieben

Die Deckenlampe in seinem Büro hatte er den ganzen Nachmittag nicht angehabt, und jetzt schaltete er die Schreibtischlampe ab. Es war Viertel vor sieben abends, und es war dunkel und regnete. Er konnte Hupen und den Lärm von Taxis und Lastwagen hören. Weit entfernt jaulte hysterisch eine Sirene, und er dachte: Es ist ein bisschen wie eine Qual, die mit den Jahren nachlässt. Sobald sie die Third Avenue oder die Fünfundneunzigste Straße erreicht, werde ich sie nicht mehr hören.

Wenn ich ein Taxi nehme, dachte er, während er langsam aufstand und langsam seinen Hut aufsetzte und den Mantel (der feucht war) anzog, dann bin ich um sieben zu Hause; ich werde «Hallo, Liebes» sagen, und die beiden gelben Lampen werden brennen, und meine Zeitungen werden auf dem Schreibtisch liegen, und ich werde sagen «Ich denke, ich lege mich vor dem Essen mal fünf Minuten hin», und sie wird sagen «Ist gut» und zwei, drei kurze Fragen stellen, wie der Tag so war, und ich werde ihr antworten.

Als er aus seinem Büro auf die Straße trat, war es dunkel und regnete, und er steckte sich eine Zigarette an. Ein junger Mann ging laut pfeifend vorüber. Zwei junge Mädchen unterhielten sich angeregt im Vorbeigehen, so als ob es gar nicht regnete und als ob dies nicht der Augenblick sei, zu schweigen und sich zu erinnern. Er rief ein Taxi, es hielt, und er stieg ein und saß dann unschlüssig da, bis der Fahrer fragte «Wohin?» Er nannte eine Hausnummer, an die er gerade dachte.

Sie war überrascht, ihn zu sehen, und, wie ihm schien, erfreut. Es war schön, wieder in ihrer Wohnung zu sein. Er sah

again. He faced her, quickly, and it seemed to him as if he were facing somebody in a tennis game. She would want to know (but wouldn't ask) why he was, so suddenly, there, and he couldn't exactly say: I gave a number to a taxi-driver and it was your number. He couldn't say that; and besides, it wasn't that simple.

It was dark in the room and still raining outside. He lighted a cigarette (not wanting one) and looked at her. He watched her lovely gestures as of old and she said he looked tired and he said he wasn't tired and he asked her what she had been doing and she said oh, nothing much. He talked, sitting awkwardly on the edge of a chair, and she talked, lying gracefully on a chaise-longue, about people they had known and hadn't cared about. He was mainly conscious of the rain outside and of the soft darkness in the room and of other rains and other darknesses. He got up and walked around the room looking at pictures but not seeing what they were, and realizing that some old familiar things gleamed darkly, and he came abruptly face to face with something he had given her, a trivial and comic thing, and it didn't seem trivial or comic now, but very large and important and embarrassing, and he turned away from it and asked after somebody else he didn't care about. Oh, she said, and this and that and so and such (words he wasn't listening to). Yes, he said, absently, I suppose so. Very much, he said (in answer to something else), very much. Oh, she said, laughing at him, not *that* much! He didn't have any idea what they were talking about.

She asked him for a cigarette and he walked over and gave her one, not touching her fingers but very conscious of her fingers. He was remembering a twilight when it had been raining and dark, and he

sie flüchtig an, und ihm war, als sähe er jemanden während eines Tennisspiels an. Sie würde wissen wollen (aber nicht fragen), warum er auf einmal da war, aber er konnte doch nicht sagen: «Ich habe einem Taxifahrer eine Hausnummer genannt, und es war deine.» Das konnte er doch nicht sagen; und außerdem: So einfach war es nicht.

Im Zimmer war es dämmrig, und draußen regnete es noch immer. Er zündete sich eine Zigarette an (was er gar nicht wollte) und betrachtete sie. Er folgte wie früher ihren anmutigen Bewegungen, und sie sagte, er sehe müde aus, und er erwiderte, er sei aber nicht müde, und fragte sie, was sie so gemacht habe, und sie sagte, «Ach, nichts Besonderes.» Er redete, wobei er verlegen auf der Stuhlkante saß, und sie redete, bequem auf einer Chaiselongue liegend, über Leute, die sie früher gekannt und nie gemocht hatten. Er dachte vor allem an den Regen draußen und an das gedämpfte Licht im Zimmer und an andere Zeiten, als es regnete und das Licht gedämpft war. Er stand auf und ging im Zimmer umher, betrachtete Bilder, ohne sie zu sehen, und bemerkte ein paar altvertraute Dinge, die im Dunkeln glänzten, und plötzlich stand er vor etwas, das er ihr einmal geschenkt hatte, es war etwas Triviales und Albernes, aber jetzt kam es ihm gar nicht trivial und albern vor, sondern ganz groß und bedeutsam und rührend, und er wandte sich davon ab und fragte nach jemandem, den er auch nie gemocht hatte. Ach, sagte sie, und dies und das und so-und-so (Worte, die er gar nicht hörte). Ja, sagte er geistesabwesend, vermutlich. Sehr sogar, sagte er (als Antwort auf etwas anderes), wirklich sehr. Ach, sagte sie und lachte, aber so sehr doch auch nicht! Er hatte keine Ahnung, wovon sie redeten.

Sie bat ihn um eine Zigarette, und er ging zu ihr und gab ihr eine, ohne ihre Finger zu berühren, doch war er sich ihrer Finger durchaus bewusst. Er erinnerte sich an eine Dämmerung, als es regnerisch und dunkel war, und er dachte an April

thought of April and kissing and laughter. He noticed a clock on the mantel and it was ten after seven. She said you never used to believe in clocks. He laughed and looked at her for a time and said I have to be at the hotel by seven-thirty, or I don't get anything to eat; it's that sort of hotel. Oh, she said.

He walked to a table and picked up a figurine and set it down again with extreme care, looking out of the corner of his eye at the trivial and comic and gigantic present he had given her. He wondered if he would kiss her and when he would kiss her and if she wanted to be kissed and if she were thinking of it, but she asked him what he would have to eat at his hotel. He said clam chowder. Thursday, he said, they always have clam chowder. Is that the way you know it's Thursday, she said, or is that the way you know it's clam chowder?

He picked up the figurine and put it down again, so that he could look (without her seeing him look) at the clock. It was eighteen minutes after seven and he had the mingled thoughts clocks gave him. You mustn't, she said, miss your meal. (She remembered he hated the word meal.) He turned around quickly and went over quickly and sat beside her and took hold of one of her fingers and she looked at the finger and not at him and he looked at the finger and not at her, both of them as if it were a new and rather remarkable thing.

He got up suddenly and picked up his hat and coat and as suddenly put them down again and took two rapid determined steps toward her, and her eyes seemed a little wider. A bell rang. Oh that, she said, will be Clarice. And they relaxed.

und Küsse und Lachen. Sein Blick fiel auf eine Uhr auf dem Kaminsims, und es war zehn nach sieben. Sie sagte: «Früher hast du Uhren nie gemocht.» Er lachte und sah sie eine Weile an und sagte: «Ich muss bis halb acht im Hotel sein, sonst bekomme ich nichts mehr zu essen; es ist diese Art von Hotel.» «Oh», sagte sie.

Er ging zu einem Tisch, nahm ein Figürchen in die Hand und stellte es sehr behutsam wieder hin, und dabei sah er aus dem Augenwinkel zu dem trivialen und albernen und riesigen Geschenk hinüber, das er ihr einmal gemacht hatte. Er überlegte, ob er sie küssen sollte und wann, und ob sie geküsst werden wollte und ob sie auch daran dachte, aber sie fragte ihn, was es an diesem Abend im Hotel zu essen gebe. Er sagte, Muschelsuppe. «Donnerstags», sagte er, «gibt es immer Muschelsuppe.» «Merkst du dir so, dass Donnerstag ist», fragte sie, «oder merkst du dir so, dass es Muschelsuppe gibt?»

Er nahm das Figürchen in die Hand und stellte es dann wieder so hin, dass er nach der Uhr schielen konnte (ohne dass sie es merkte). Es war achtzehn Minuten nach sieben, und ihm ging Verschiedenes durch den Kopf wie immer bei Uhren. «Du darfst», sagte sie, «deine Mahlzeit nicht verpassen.» (Sie erinnerte sich, dass er das Wort Mahlzeit nicht ausstehen konnte.) Er drehte sich rasch um und ging rasch hinüber und setzte sich neben sie und ergriff einen ihrer Finger, und sie sah den Finger an und nicht ihn, und er sah den Finger an und nicht sie, beide so, als sei er etwas Neues und ganz Bemerkenswertes.

Er stand unvermittelt auf, nahm Hut und Mantel und legte beides ebenso unvermittelt wieder hin und machte zwei entschlossene Schritte auf sie zu, und ihre Augen wirkten ein wenig geweitet. Es läutete. «Ach», sagte sie, «das wird Clarice sein.» Und sie entspannten sich wieder. Er sah sie fragend an,

He looked a question and she said: my sister; and he said oh, of course. In a minute it was Clarice like a small explosion in the dark and rainy day talking rapidly of this and that: my dear he and this awful and then of all people so nothing loth and I said and he said, if you can imagine that! He picked up his hat and coat and Clarice said hello to him and he said hello and looked at the clock and it was almost twenty-five after seven.

She went to the door with him looking lovely, and it was lovely and dark and raining outside and he laughed and she laughed and she was going to say something but he went out into the rain and waved back at her (not wanting to wave back at her) and she closed the door and was gone. He lighted a cigarette and let his hand get wet in the rain and the cigarette get wet and rain dripped from his hat. A taxicab drove up and the driver spoke to him and he said: what? and: oh, sure. And now he was going home.

He was home by seven-thirty, almost exactly, and he said good evening to old Mrs Spencer (who had the sick husband), and good evening to old Mrs Holmes (who had the sick Pomeranian), and he nodded and smiled and presently he was sitting at his table and the waitress spoke to him. She said: the Mrs will be down, won't she? and he said yes, she will. And the waitress said clam chowder tonight, and consommé: you always take the clam chowder, ain't I right? No, he said, I'll have the consommé.

und sie sagte: «Meine Schwester»; und er sagte: «Ach, natürlich.» Kurz darauf erschien Clarice wie eine kleine Explosion an diesem dunklen, regnerischen Tag und redete hastig von diesem und jenem: Meine liebe er und diese schreckliche und dann ausgerechnet und nichtsdestotrotz und da sag ich und da sagt er, kannst du dir das vorstellen! Er nahm Hut und Mantel, und Clarice sagte «Hallo» zu ihm, und er sagte auch «Hallo» und sah auf die Uhr, und es war fast sieben Uhr fünfundzwanzig.

Sie begleitete ihn zur Tür und sah reizend aus, und es war reizend und dunkel und regnerisch draußen, und er lachte und sie lachte, und sie wollte noch etwas sagen, aber er trat hinaus in den Regen und winkte ihr noch einmal zu (und wollte ihr gar nicht zuwinken), und sie schloss die Tür und war verschwunden. Er zündete sich eine Zigarette an, und dabei wurde seine Hand nass, und die Zigarette wurde nass, und von seinem Hut tropfte der Regen. Ein Taxi hielt, und der Fahrer sprach ihn an, und er sagte: «Was?» und «Ja, sicher.» Und jetzt fuhr er nach Hause.

Um sieben Uhr dreißig war er zu Hause, fast pünktlich, und er sagte zur alten Mrs. Spencer (die einen kranken Mann hat) «Guten Abend» und zur alten Mrs. Holmes (die einen kranken Hund hat) «Guten Abend», und er nickte und lächelte, und kurz darauf saß er an seinem Tisch, und die Kellnerin sprach ihn an. Sie sagte: «Ihre Frau kommt sicher noch?» und er sagte: «Ja, ja.» Und die Kellnerin sagte: «Heute gibt es Muschelsuppe oder Fleischbrühe. Sie nehmen doch immer die Muschelsuppe, hab ich recht?» «Nein», sagte er, «ich nehme die Fleischbrühe.»

Elizabeth Eula
The Salon Visit

"Anyway," the woman in the chair continued," his wife's so *gullible*! Bill always says he's going bowling; she *always* believes him!"

The beautician smiled. "My husband William loves bowling."

Never used to … Goes all the time now …

She paused, frowning.

Then a slow, bitter smile emerged.

"Let's start on your perm. You're gonna look *unforgettable.*"

Elizabeth Eula
Im Damensalon

«Jedenfalls», fuhr die Frau im Friseursessel fort, «ist seine Frau schrecklich gutgläubig. Bill sagt jedes Mal, dass er zum Bowling geht, und jedes Mal glaubt sie ihm.»

Die Friseuse lächelte. «William, mein Mann, geht auch so gern zum Bowling.»

Früher war das nicht so ... Jetzt geht er dauernd ...

Sie überlegte, die Stirn in Falten.

Dann verzog sich ihr Mund zu einem grimmigen Lächeln.

«Fangen wir mal mit Ihrer Dauerwelle an. Sie werden ganz unvergesslich aussehen.»

Famous People

In his viva voce examination for 'Divvers' at Oxford, Oscar Wilde was required to translate from the Greek version of the New Testament, which was one of the set books. The passage chosen was from the story of the Passion. Wilde began to translate, easily and accurately. The examiners were satisfied, and told him that this was enough. Wilde ignored them and continued to translate. After another attempt the examiners at last succeeded in stopping him, and told him that they were satisfied with his translation. "Oh, do let me go on," said Wilde, "I want to see how it ends."

When a young man came up to him in Zurich and said, "May I kiss the hand that wrote *Ulysses*?" Joyce replied, somewhat like King Lear, "No, it did lots of other things too."

In his memoirs D. H. Lawrence writes:
The very first copy of *The White Peacock* that was ever sent out, I put into my mother's hand, when she was dying. She looked at the outside, and then at the title-page, and then at me, with darkening eyes. And though she loved me so much, I think she doubted whether it could be much of a book, since no one more important than I had written it. Somewhere, in the helpless privacies of her being, she had wistful respect for me. But for me in the face of the world, not much. This David would never get a stone across at Goliath. And why try? Let Goliath alone!

Berühmte Leute

Als Oscar Wilde in Oxford die mündliche Prüfung in
Bibelkunde ablegte, sollte er, wie es vorgeschrieben war,
aus dem griechischen Neuen Testament übersetzen. Die
Stelle, die man ihm vorlegte, stammte aus der Passionsge-
schichte. Wilde fing an, flüssig und genau zu übersetzen.
Die Prüfer waren zufrieden und bedeuteten ihm, das ge-
nüge. Wilde reagierte nicht und fuhr in seiner Übersetz-
zung fort. Erst im zweiten Anlauf gelang es den Prüfern,
ihn zu unterbrechen, und sie erklärten, dass sie mit seiner
Übersetzung zufrieden seien. «Ach, lassen Sie mich bitte
weitermachen», sagte Wilde, «ich wüsste gerne, wie es
ausgeht.»

Als ein junger Mann in Zürich auf ihn zukam und fragte:
«Darf ich die Hand küssen, die den *Ulysses* geschrieben
hat?» antwortete Joyce, ein wenig wie König Lear: «Nein,
sie hat auch ganz andere Dinge getan.»

In seinen Lebenserinnerungen schreibt D. H. Lawrence:
Das erste Exemplar des *Weißen Pfaus*, das ausgeliefert
wurde, drückte ich meiner Mutter in die Hand, als sie im
Sterben lag. Sie sah erst auf den Einband, dann auf die
Titelseite, dann auf mich, und ihr Blick verdüsterte sich.
Obwohl sie mich sehr liebte, bezweifelte sie wohl, dass das
Buch viel taugen könne, da es von einem so unbedeutenden Menschen wie mir stammte. Irgendwo in ihrem hilflo-
sen Innersten hegte sie eine gewisse Achtung vor mir, aber
anderen zeigte sie davon wenig. Dieser David würde mit
seinem Stein niemals einen Goliath treffen. Warum es also
versuchen? Lass Goliath in Ruhe! Aber sie war ohnehin

Anyway, she was beyond reading my first immortal work. It was put aside, and I never wanted to see it again. She never saw it again.

After the funeral, my father struggled through half a page, and it might as well have been Hotten-tot.

"And what dun they gie thee for that, lad?"

"Fifty pounds, father."

"Fifty pounds!" He was dumbfounded, and looked at me with shrewd eyes, as if I were a swindler. "Fifty pounds! An' tha's niver done a day's hard work in thy life."

nicht mehr imstande, mein erstes unsterbliches Werk zu lesen. Es wurde beiseite gelegt, und ich wollte es nicht wieder ansehen. Auch sie sah es nie wieder an.

Nach ihrer Beisetzung quälte sich mein Vater durch eine halbe Seite, und es war, als wäre sie auf Hottentottisch geschrieben.

«Und wieviel haben sie dir dafür gezahlt, Junge?»

«Fünfzig Pfund, Vater.»

«Fünfzig Pfund!» Er war sprachlos und sah mich listig an, als wäre ich ein Schwindler. «Fünfzig Pfund! Und dabei hast du in deinem Leben noch nie richtig gearbeitet.»

Ambrose Bierce
An Arrest

Having murdered his brother-in-law, Orrin
Brower of Kentucky was a fugitive from justice.
From the county jail where he had been confined
to await his trial he had escaped by knocking
down his jailer with an iron bar, robbing him of
his keys and, opening the outer door, walking
out into the night. The jailer being unarmed,
Brower got no weapon with which to defend his
rcovered liberty. As soon as he was out of the
town he had the folly to enter a forest; this was
many years ago, when that region was wilder
than it is now.

The night was pretty dark, with neither moon
nor stars visible, and as Brower had never dwelt
thereabout, and knew nothing of the lay of the
land, he was, naturally, not long in losing himself.
He could not have said if he were getting farther
away from the town or going back to it – a most
important matter to Orrin Brower. He knew that
in either case a posse of citizens with a pack of
bloodhounds would soon be on his track and his
chance of escape was very slender; but he did not
wish to assist in his own pursuit. Even an added
hour of freedom was worth having.

Suddenly he emerged from the forest into an old
road, and there before him saw, indistinctly, the
figure of a man, motionless in the gloom. It was
too late to retreat: the fugitive felt that at the first
movement back toward the wood he would be, as
he afterwards explained, "filled with buckshot." So

Ambrose Bierce
Eine Gefangennahme

Weil er seinen Schwager ermordet hatte, wurde Orrin
Brower aus Kentucky zum Flüchtling vor dem Gesetz. Aus
dem Bezirksgefängnis, wo er bis zu seinem Prozess einsit-
zen sollte, war er entkommen. Er hatte den Wächter mit
einer Eisenstange niedergeschlagen, ihm die Schlüssel abgenommen, die Gefängnistür geöffnet und sich in der
Dunkelheit davongemacht. Da der Wärter keine Waffe bei
sich gehabt hatte, besaß Brower nichts, um seine wiederge-
wonnene Freiheit zu verteidigen. Sobald die Stadt hinter
ihm lag, war er so töricht, in die Wälder zu gehen; das alles trug sich nämlich vor vielen Jahren zu, als es in dieser
Gegend noch Wildnis gab.

Die Nacht war ziemlich finster, man konnte weder
Mond noch Sterne sehen, und da Brower hier fremd war
und sich nicht auskannte, dauerte es naturgemäß nicht
lange, bis er sich verirrt hatte. Er wusste nicht mehr, ob
er sich von der Stadt entfernte oder sich ihr wieder näherte – für Orrin Brower eine entscheidende Frage. Ihm
war klar, dass sich schon bald eine Abordnung von Bür-
gern mit Bluthunden an seine Fersen heften würde und
dass er nur geringe Aussichten hatte zu entwischen; doch
wollte er ihnen bei seiner Verfolgung nicht auch noch ent-
gegenkommen. Jede gewonnene Stunde in Freiheit war
kostbar.

Unversehens trat er aus dem Wald heraus auf eine alte
Landstraße und sah vor sich in der Dunkelheit die undeut-
lichen Umrisse eines Mannes auftauchen. Um kehrtzuma-
chen, war es zu spät: Der Flüchtige war, wie er später aus-
sagte, sicher, dass er beim ersten Schritt zurück in den
Wald «mit Schrotkugeln vollgepumpt» worden wäre. Wie

the two stood there like trees, Brower nearly suffo-
cated by the activity of his own heart; the other –
the emotions of the other are not recorded.

A moment later – it may have been an hour – the
moon sailed into a patch of unclouded sky and the
hunted man saw that visible embodiment of Law lift
an arm and point significantly toward and beyond
him. He understood. Turning his back to his captor,
he walked submissively away in the direction indicated, looking to neither the right nor the left; hardly
daring to breathe, his head and back actually aching
with a prophecy of buckshot.

Brower was as courageous a criminal as ever lived
to be hanged; that was shown by the conditions of
awful personal peril in which he had coolly killed his
brother-in-law. It is needless to relate them here;
they came out at his trial, and the revelation of his
calmness in confronting them came near to saving
his neck. But what would you have? – when a brave
man is beaten, he submits.

So they pursued their journey jailward along the
old road through the woods. Only once did Brower
venture a turn of the head: just once, when he was
in deep shadow and he knew that the other was in
moonlight, he looked backward. His captor was Burton Duff, the jailer, as white as death and bearing
upon his brow the livid mark of the iron bar. Orrin
Brower had no further curiosity.

Eventually they entered the town, which was all
alight, but deserted; only the women and children remained, and they were off the streets. Straight toward
the jail the criminal held his way. Straight up to the
main entrance he walked, laid his hand upon the knob
of the heavy iron door, pushed it open without com-

zwei Bäume standen die beiden da, Brower vom Pochen seines Herzens fast erstickt; der andere … von den Gefühlen des anderen ist nichts bekannt.

Kurz darauf – es könnte auch nach einer Stunde gewesen sein – schob sich der Mond in eine Lücke in den Wolken, und der Gejagte sah, wie die Verkörperung des Gesetzes einen Arm hob und vielsagend auf ihn und hinter ihn deutete. Er verstand. Er kehrte seinem Häscher den Rücken und ging widerstandslos in die ihm gewiesene Richtung, wobei er weder nach links noch nach rechts blickte; er wagte kaum zu atmen, und Kopf und Rücken schmerzten ihm schon in Erwartung der Schrotkugeln.

Brower war nicht weniger mutig als alle anderen Verbrecher, die man je gehängt hat; das sah man schon an den großen Gefahren, die er auf sich genommen hatte, als er seinen Schwager kaltblütig tötete. Diese Gefahren tun hier nichts zur Sache; sie kamen bei der Verhandlung zur Sprache, und als sich herausstellte, mit welcher Ruhe er ihnen begegnet war, hätte ihm das fast das Leben gerettet. Aber was soll man tun? Wenn ein tapferer Mann verliert, gibt er sich geschlagen.

Sie setzten also ihren Weg auf der alten Landstraße durch die Wälder in Richtung Gefängnis fort. Nur ein einziges Mal wagte es Brower, sich umzudrehen, und zwar genau in dem Augenblick, als er sich selbst im tiefen Schatten befand und wusste, dass der andere im Mondlicht war. Der ihn gestellt hatte, war Burton Duff, der Gefängniswärter, bleich wie der Tod und auf der Stirn eine hellrote Wunde von der Eisenstange. Damit war Orrin Browers Neugier gestillt.

Schließlich erreichten sie die Stadt, die hell erleuchtet war, aber menschenleer; nur die Frauen und Kinder waren zurückgeblieben, aber sie waren nicht auf der Straße zu sehen. Der Verbrecher steuerte geradewegs auf das Gefängnis zu, direkt zum Haupteingang, legte die Hand auf den Griff des schweren Tores, stieß es unaufgefordert auf, trat ein

mand, entered and found himself in the presence of a half-dozen armed men. Then he turned. Nobody else entered.

On a table in the corridor lay the dead body of Burton Duff.

und sah sich einem halben Dutzend bewaffneter Männer gegenüber. Er drehte sich um. Niemand war ihm gefolgt.

Auf einem Tisch im Flur lag der Leichnam von Burton Duff.

Arthur C. Clarke
The Curse

For three hundred years, while its fame spread
across the world, the little town had stood here at
the river's bend. Time and change had touched it
lightly; it had heard from afar both the coming of
the Armada and the fall of the Third Reich, and
all Man's wars had passed it by.

Now it was gone, as though it had never been. In
a moment of time the toil and treasure of centuries
had been swept away. The vanished streets could
still be traced as faint marks in the vitrified ground,
but of the houses, nothing remained. Steel and con-
crete, plaster and ancient oak – it had mattered little
at the end. In the moment of death they had stood
together, transfixed by the glare of the detonating
bomb. Then, even before they could flash into fire,
the blast waves had reached them and they had ceased to be. Mile upon mile the ravening hemisphere
of flame had expanded over the level farmlands, and
from its heart had risen the twisting totempole that
had haunted the minds of men for so long, and to
such little purpose.

The rocket had been a stray, one of the last ever
to be fired. It was hard to say for what target it had
been intended. Certainly not London, for London
was no longer a military objective. London, indeed,
was no longer anything at all. Long ago the men
whose duty it was had calculated that three of the
hydrogen bombs would be sufficient for the rather
small target. In sending twenty, they had been perhaps a little over-zealous.

Arthur C. Clarke
Der Fluch

Dreihundert Jahre lang hatte das Städtchen hier an der Fluss-
biegung gelegen, und sein Ruhm hatte sich über die Welt ver-
breitet. Zeit und Wandel hatten es kaum berührt; aus der Ferne hatte es vom Herannahen der Armada und vom Fall des
Dritten Reiches gehört, aber alle Kriege der Menschheit waren an ihm vorübergegangen.

Nun war es verschwunden, als wäre es nie gewesen. In einem einzigen Augenblick waren die Mühen und Schätze von
Jahrhunderten hinweggefegt worden. Schwache Spuren in
dem zu Glas geschmolzenen Boden ließen noch den einstigen
Straßenverlauf erkennen, aber von den Häusern war nichts
übrig. Ob Stahl oder Beton, Mörtel oder altes Eichenholz –
am Ende gab es keinen Unterschied. Im Augenblick des Todes
hatten sie zusammengestanden, erstarrt im gleißenden Licht
der Bombenexplosion. Dann waren sie, noch ehe sie in Flammen aufgehen konnten, von den Druckwellen erfasst und
ausgelöscht worden. Meile um Meile hatte sich der alles ver-
schlingende Feuerball über das flache Ackerland ausgedehnt,
und aus seinem Innern war der gewundene Totempfahl auf-
gestiegen. Schon lange hatten sich die Menschen vor ihm ge-
fürchtet, aber geändert hatte das nichts.

Die Rakete war ein Irrläufer gewesen, eine der letzten, die
überhaupt abgefeuert wurden. Schwer zu sagen, für welches
Ziel sie bestimmt war. Gewiss nicht für London, denn London
stellte kein Angriffsziel mehr dar. London war, genauer gesagt, gar nicht mehr vorhanden. Schon vor langem hatten
Männer, deren Aufgabe das war, errechnet, dass drei Wasser-
stoffbomben für dieses recht kleine Ziel ausreichen würden.
Als sie zwanzig davon losschickten, waren sie wohl etwas
übereifrig gewesen.

This was not one of the twenty that had done their work so well. Both its destination and its origin were unknown: whether it had come across the lonely Arctic wastes or far above the waters of the Atlantic; no one could tell and there were few now who cared. Once there had been men who had known such things, who had watched from afar the flight of the great projectiles and had sent their own missiles to meet them. Often that appointment had been kept, high above the Earth were the sky was black and sun and stars shared the heavens together. Then there had bloomed for a moment that indescribable flame, sending out into space a message that in centuries to come other eyes than Man's would see and understand.

But that had been days ago, at the beginning of the War. The defenders had long since been brushed aside, as they had known they must be. They had held on to life long enough to discharge their duty; too late, the enemy had learned his mistake. He would launch no further rockets; those still falling he had dispatched hours ago on secret trajectories that had taken them far out into space. They were returning now unguided and inert, waiting in vain for the signals that should lead them to their destinies. One by one they were falling at random upon a world which they could harm no more.

The river had already overflowed its banks; somewhere down its course the land had twisted beneath the colossal hammer-blow and the way to the sea was no longer open. Dust was still falling in a fine rain, as it would do for days as Man's cities and treasures returned to the world that had given them birth. But the sky was no longer wholly darkened,

Diese gehörte nicht zu den zwanzig, die so gründliche Arbeit getan hatten. Sowohl ihr Ziel als auch ihre Herkunft waren unbekannt: Ob sie über die einsamen Wüsten der Arktis oder hoch über die Wasser des Atlantik gekommen war, wusste niemand zu sagen, und kaum jemanden kümmerte es noch. Es hatte einmal Männer gegeben, die so etwas wussten, die den Flug der großen Projektile von fern verfolgten und ihnen ihre eigenen Raketen entgegenschickten. Oft waren die beiden zusammengetroffen, hoch über der Erde, wo der Himmel schwarz ist und Sonne und Sterne sich das All teilen. Dann war für Sekunden eine unbeschreibliche Flamme erblüht und hatte eine Botschaft hinaus ins Universum geschickt, die erst nach Jahrhunderten von anderen als menschlichen Augen gesehen und verstanden werden würde.

Doch das war vor Tagen gewesen, zu Beginn des Krieges. Die Verteidiger waren, wie sie es geahnt hatten, längst beiseite gefegt worden. Sie hatten sich lange genug am Leben gehalten, um ihrer Pflicht nachzukommen; als der Gegner seinen Fehler erkannte, war es zu spät. Er würde keine Raketen mehr abfeuern; die jetzt noch herunterkamen, waren bereits vor Stunden auf geheime Flugbahnen geschickt worden, die sie weit hinaus ins All trugen. Jetzt kehrten sie zurück, ungesteuert und träge, vergeblich auf Signale wartend, die sie zu ihrer Bestimmung lenken würden. Eine nach der anderen stürzten sie wahllos auf eine Erde, der sie nichts mehr anhaben konnten.

Der Fluss war bereits über die Ufer getreten; weiter abwärts hatte sich das Land unter dem gewaltigen Hammerschlag verworfen, so dass der Zugang zur See versperrt war. Noch immer fiel Staub wie feiner Regen, und er würde noch tagelang so fallen und der Erde die Städte und Schätze der Menschen zurückgeben, die sie hervorgebracht hatte. Doch der Himmel war nicht mehr völlig verdunkelt, und im

and in the west the sun was settling through banks of angry cloud.

A church had stood here by the river's edge, and though no trace of the building remained, the gravestones that the years had gathered round it still marked its place. Now the stone slabs lay in parallel rows, snapped off at their bases and pointing mutely along the line of the blast. Some were half flattened into the ground, others had been cracked and blistered by terrific heat, but many still bore the message they had carried down the centuries in vain.

The light died in the west and the unnatural crimson faded from the sky. Yet still the graven words could be clearly read, lit by a steady, unwavering radiance, too faint to be seen by day but strong enough to banish night. The land was burning: for miles the glow of its radioactivity was reflected from the clouds. Through the glimmering landscape wound the dark ribbon of the steadily widening river, and as the water submerged the land that deadly glow continued unchanging in the depths. In a generation, perhaps, it would have faded from sight, but a hundred years might pass before life would safely come this way again.

Timidly the waters touched the worn gravestone that for more than three hundred years had lain bfore the vanished altar. The church that had sheltered it so long had given it some protection at the last, and only a slight discolouration of the rock told of the fires that had passed this way. In the corpse-light of the dying land, the archaic words could still be traced as the water rose around them, breaking at last in tiny ripples across the stone. Line by line

Westen ging die Sonne hinter finsteren Wolkenbänken unter.

Hier am Ufer des Flusses hatte eine Kirche gestanden, und während von dem Gebäude selbst nichts geblieben war, zeigten die Grabsteine, die sich über die Jahre um sie herum angesammelt hatten, noch ihren Standort an. Die Steinplatten, dicht überm Boden abgebrochen, lagen jetzt in langen Reihen und deuteten stumm den Verlauf der Explosion an. Manche waren zur Hälfte ins Erdreich gedrückt, andere hatten von der ungeheuren Hitze Risse und Blasen bekommen, und viele trugen noch die Botschaften, die sie über Jahrhunderte vergebens bewahrt hatten.

Im Westen verblasste das Licht, und das unnatürliche Rot des Himmels wurde schwächer. Die eingemeißelten Worte waren dennoch deutlich zu lesen, erhellt von einem stetigen, gleichbleibenden Schein, zu schwach, um bei Tag bemerkt zu werden, aber stark genug, um die Nacht zu vertreiben. Das Land brannte, sein radioaktives Glühen wurde von den Wolken meilenweit zurückgeworfen. Durch die schimmernde Landschaft wand sich das dunkle Band des sich ausbreitenden Flusses, und auch als das Land von Wasser überflutet wurde, hielt das unnatürliche Glühen in der Tiefe an. Es würde vielleicht eine Generation dauern, bis es nicht mehr zu sehen war, aber hundert Jahre mochten vergehen, ehe Leben sich wieder hierher wagen konnte.

Zaghaft berührte das Wasser den verwitterten Grabstein, der über dreihundert Jahre vor dem Altar der verschwundenen Kirche gelegen hatte. Diese Kirche, in der er so lange geborgen war, hatte ihn bis zuletzt geschützt, und nur eine leichte Verfärbung des Steins verriet etwas von dem Feuer, das darüber hinweggegangen war. Im leichenblassen Licht des sterbenden Landes ließen sich die altertümlichen Worte noch entziffern, während das Wasser ringsumher anstieg und schließlich in kleinen Wellen den Stein überspülte. Die

the epitaph upon which so many millions had gazed
slipped beneath the conquering waters. For a little
while the letters could still be faintly seen; then they
were gone forever.

> Good frend for Iesvs sake forbeare,
> To digg the dvst encloased heare
> Blest be ye man yt spares thes stones,
> And cvrst be he yt moves my bones.

Undisturbed through all eternity the poet could sleep
in safety now: in the silence and darkness above his
head, the Avon was seeking its new outlet to the sea.

Inschrift, auf der die Augen so vieler Millionen Menschen
geruht hatten, versank Zeile für Zeile im siegreichen Wasser.
Eine Zeitlang waren die Buchstaben noch undeutlich zu erkennen, dann waren sie für immer dahin.

> Lass, Freund, um Jesu willen du
> Den hier verschlossnen Staub in Ruh!
> Gesegnet, wer verschont den Stein,
> Verflucht, wer rühret mein Gebein.

Nun konnte der Dichter in alle Ewigkeit ruhen, ungestört
und sicher. Über seinem Haupt suchte sich der Avon in der
Stille und Finsternis einen neuen Weg zum Meer.

Heavy on the Stomach

A three-year-old walked over to a pregnant lady while waiting with his mother in the doctor's office. He inquisitively asked the lady, "Why is your stomach so big?"

She replied, "I'm having a baby."

With big eyes, he asked, "Is the baby in your stomach?"

She said, "He sure is."

Then the little boy, with a puzzled look, asked, "Is it a good baby?"

She said, "Oh, yes. It's a real good baby."

With an even more surprised and shocked look he asked … "Then why did you eat him?"

Schwere Kost

Ein Dreijähriger ist mit seiner Mutter beim Arzt. Im Wartezimmer geht er auf eine schwangere Frau zu und fragt neugierig: «Warum hast du denn so einen dicken Bauch?»

«Weil ich ein Baby bekomme», sagt sie.

Mit großen Augen fragt er: «Ist das Baby in deinem Bauch?»

«Ja, natürlich», sagt sie.

Der Kleine macht ein verwundertes Gesicht und fragt: «Ist das Baby denn lieb?»

«Oh ja, es ist sehr lieb», sagt sie.

Darauf fragt er ganz erstaunt und erschrocken: «Warum hast du es dann aufgegessen?»

Robert Louis Stevenson
The Tadpole and the Frog

"Be ashamed of yourself," said the frog. "When I was a tadpole, I had no tail."

"Just what I thought!" said the tadpole. "You never were a tadpole."

Robert Louis Stevenson
The Citizen and the Traveller

"Look round you," said the citizen. "This is the largest market in the world."

"O, surely not," said the traveller.

"Well, perhaps not the largest," said the citizen, "but much the best."

"You are certainly wrong there," said the traveller. "I can tell you ..."

They buried the stranger at the dusk.

Robert Louis Stevenson
Die Kaulquappe und der Frosch

«Schäm dich!» sagte der Frosch. «Als ich noch eine Kaulquappe war, habe ich keinen Schwanz getragen.»

«Das hab ich mir schon gedacht!» entgegnete die Kaulquappe. «Du bist nie eine Kaulquappe gewesen.»

Robert Louis Stevenson
Der Einheimische und der Reisende

«Sieh dich um», sagte der Einheimische. «Das hier ist der größte Markt der Welt.»

«Oh, ganz gewiss nicht!» erwiderte der Reisende.

«Nun, vielleicht nicht der größte», räumte der Einheimische ein, «aber bei weitem der beste.»

«Da irrst du dich aber!» erklärte der Reisende. «Ich sage dir …»

Sie begruben den Fremden bei Einbruch der Nacht.

Liam O'Flaherty
Mother and Son

Although it was only five o'clock, the sun had already set and the evening was very still, as all spring evenings are, just before the birds begin to sing themselves to sleep; or maybe tell one another bedside stories. The village was quiet. The men had gone away to fish for the night after working all the morning with the sowing. Women were away milking the cows in the little fields among the crags.

Brigid Gill was alone in her cottage waiting for her little son to come home from school. He was now an hour late, and as he was only nine years she was very nervous about him, especially as he was her only child and he was a wild boy, always getting into mischief, mitching from school, fishing minnows on Sunday and building stone "castles" in the great crag above the village. She kept telling herself that she would give him a good scolding and beating when he came in, but at the same time her heart was thumping with anxiety and she started at every sound, rushing out to the door and looking down the winding road that was now dim with the shadows of evening. So many things could happen to a little boy.

His dinner of dried fish and roast potatoes was being kept warm in the oven among the peat ashes beside the fire on the hearth, and on the table there was a plate, a knife and a little mug full of buttermilk.

At last she heard the glad cries of the schoolboys afar off, and rushing out she saw their tiny forms

Liam O'Flaherty
Mutter und Sohn

Es war erst fünf Uhr, aber die Sonne war schon unterge-
gangen und es war sehr still, so wie immer an Frühlings-
abenden, kurz bevor die Vögel anfangen, sich in den Schlaf
zu singen oder einander vielleicht eine Gute-Nacht-Ge-
schichte zu erzählen. Über dem Dorf lag Stille. Die Männer
waren hinausgefahren, um die Nacht über zu fischen, nachdem sie den ganzen Vormittag mit der Aussaat beschäftigt
gewesen waren. Die Frauen waren draußen auf den kleinen
Feldern zwischen den Klippen, um die Kühe zu melken.

Brigid Gill befand sich allein im Haus und wartete auf
ihren kleinen Sohn. Er hätte schon vor einer Stunde aus
der Schule zurück sein sollen, und sie machte sich große
Sorgen, da er erst neun und ihr einziges Kind war und
obendrein ein wilder Junge, der immer Dummheiten an-
stellte, die Schule schwänzte, an Sonntagen Stichlinge fangen ging und zwischen den großen Felsen oberhalb des
Dorfes «Burgen» aus Steinen baute. Sie nahm sich vor, ihn
tüchtig zu schelten und zu verhauen, wenn er zurückkam,
aber gleichzeitig pochte ihr Herz angstvoll, und bei jedem
Geräusch schrak sie zusammen, eilte zur Tür und blickte
die gewundene Straße entlang, die man im Abenddunkel
kaum sehen konnte. Es gab ja so vieles, was einem kleinen
Jungen zustoßen konnte.

Sein Abendessen aus getrocknetem Fisch und Bratkar-
toffeln hatte sie in der Torfglut warmgestellt, in dem Ofen
neben der Feuerstelle, und auf dem Tisch waren ein Teller
und daneben ein Messer und ein Glas Buttermilch ge-
deckt.

Endlich hörte sie in der Ferne die fröhlichen Rufe der
Schuljungen, und als sie hinausrannte, sah sie die kleinen

scampering, not up the road, but across the crags to the left, their caps in heir hands.

"Thank God," she said, and then she persuaded herself that she was very angry. Hurriedly she got a small dried willow rod, sat down on a chair within the door and waited for her little Stephen.

He advanced up the yard very slowly, walking near the stone fence that bounded the vegetable garden, holding his satchel in the left hand by his side, with his cap in his right hand, a red-cheeked slim boy, dressed in close-fitting grey frieze trousers that reached a little below his knees and a blue sweater. His feet were bare and covered with all sorts of mud. His face perspired and his great soft blue eyes were popping out of his head with fright. He knew his mother would be angry.

At last he reached the door and, holding down his head, he entered the kitchen. The mother immediately jumped up and seized him by the shoulder. The boy screamed, dropped his satchel and his cap and clung to her apron. The mother raised the rod to strike, but when she looked down at the little trembling body, she began to tremble herself and she dropped the stick. Stooping down, she raised him up and began kissing him, crying at the same time with tears in her eyes.

"What's going to become of your atall, atall? God save us, I haven't the courage to beat you and you're breaking my heart with your wickedness."

The boy sobbed, hiding his head in his mother's bosom.

"Go away," she said, thrusting him away from her, "and eat your dinner. Your father will give to you a good thrashing in the morning. I've spared

Gestalten umhertollen, aber nicht am Ende der Straße, sondern auf den Klippen links davon, die Mützen in der Hand.

«Gott sei Dank!» dachte sie und redete sich dann ein, dass sie schrecklich wütend sei. Rasch holte sie eine kleine, trockene Weidengerte, setzte sich in der offenen Tür auf einen Stuhl und wartete auf ihren Stephen.

Er kam sehr langsam über den Hof und drückte sich dabei dicht an das Mäuerchen am Gemüsegarten, in der linken Hand die Schultasche, in der Rechten die Mütze, ein schmaler, rotbackiger Junge in eng anliegenden grauen Wollhosen, die bis kurz unter seine Knie reichten, und einem blauen Pullover. Er trug keine Schuhe, und seine Füße waren mit dickem Schmutz bedeckt. Ihm standen Schweißperlen im Gesicht, und seine sanften blauen Augen waren vor Angst weit aufgerissen. Er wusste, dass seine Mutter wütend war.

Schließlich erreichte er die Haustür und trat mit gesenktem Kopf in die Küche. Sogleich sprang seine Mutter auf und packte ihn an der Schulter. Der Junge schrie auf, ließ Tasche und Mütze fallen und klammerte sich an ihre Schürze. Die Mutter holte mit der Gerte aus, um ihn zu schlagen, aber dann sah sie, wie der kleine Körper zitterte, und fing selbst an zu zittern und ließ den Stock fallen. Sie beugte sich hinunter, hob ihn in die Höhe und küsste ihn schluchzend und mit Tränen in den Augen.

«Was soll nur aus dir werden? Gott steh uns bei, ich bringe es nicht übers Herz, dich zu schlagen, aber du bist so ungeraten, dass es mir das Herz bricht.»

Der Junge weinte und barg seinen Kopf am Busen seiner Mutter.

«Lass mich», sagte sie und stieß ihn von sich. «Iss jetzt dein Abendbrot. Morgen früh wird dein Vater dich ordentlich versohlen. Ich habe dich oft verschont und ihn

you often and begged him not to beat you, but this time I'm not going to say a word for you. You've my heart broken, so you have. Come here and eat your dinner."

She put the dinner on the plate and pushed the boy into the chair. He sat down sobbing, but presently he wiped his eyes with his sleeve and began to eat ravenously. Gradually his face brightened and he moved about on the chair, settling himself more comfortably and forgetting all his fears of his mother and the thrashing he was going to get next morning in the joy of satisfying his hunger. The mother sat on the doorstep, knitting in silence and watching him lovingly from under her long black eyelashes.

All her anger had vanished by now and she felt glad that she had thrust all the responsibility for punishment on to her husband. Still, she wanted to be severe, and although she wanted to ask Stephen what he had been doing, she tried to hold her tongue. At last, however, she had to talk.

"What kept you, Stephen?" she said softly.

Stephen swallowed the last mouthful and turned around with his mug in his hand.

"We were only playing ball," he said excitedly, "and then Red Michael ran after us and chased us out of his field where we were playing. And we had to run an awful way; oh, a long, long way we had to run, over crags where I never was before."

"But didn't I often tell you not to go into people's fields to play ball?"

"Oh, mother, sure it wasn't me but the other boys that wanted to go, and if I didn't go with them they'd say I was afraid, and father says I mustn't be afraid."

auch gebeten, dich nicht zu schlagen, aber diesmal werde ich kein gutes Wort für dich einlegen. Du hast mir wahrhaftig das Herz gebrochen. Komm jetzt her und iss!»

Sie stellte ihm den Teller mit seinem Abendessen hin und schubste ihn auf seinen Stuhl. Schluchzend setzte er sich, aber schon bald wischte er sich mit dem Ärmel die Augen und fing an, gierig zu essen. Nach und nach hellte sich sein Gesicht auf, er setzte sich auf dem Stuhl zurecht, machte es sich bequem, und über der Freude am Essen vergaß er seine Angst vor der Mutter und vor der Tracht Prügel, die ihn am nächsten Morgen erwartete. Die Mutter saß stumm auf der Türschwelle und strickte und beobachtete ihn liebevoll unter ihren gesenkten Augenlidern hervor.

Ihr Ärger war jetzt ganz verflogen, und sie war froh, die Verantwortung für die Strafe auf ihren Mann abgewälzt zu haben. Trotzdem wollte sie streng sein, und obwohl sie Stephen gerne gefragt hätte, wo er denn gesteckt habe, zwang sie sich, nichts zu sagen. Schließlich hielt sie es aber nicht mehr aus.

«Wo warst du nur so lange, Stephen?» fragte sie leise.

Stephen schluckte den letzten Bissen herunter und wandte sich um, seinen Becher in der Hand.

«Wir haben nur Ball gespielt», erzählte er aufgeregt, «und da kam der Rote Michael angelaufen und hat uns von dem Feld gejagt, auf dem wir gespielt haben. Und wir mussten schrecklich weit rennen; ja, ganz, ganz weit über die Klippen, wo ich vorher noch nie war.»

«Hab ich dir nicht immer wieder gesagt, du sollst nicht auf den Feldern anderer Leute Ball spielen?»

«Ach, Mutter, ich wollte ja gar nicht, aber die andern Jungs wollten da hin, und wenn ich nicht mitgegangen wäre, hätten sie gesagt, ich sei ein Feigling, und Vater sagt, man darf nicht feige sein.»

"Yes, you pay heed to your father but you pay no heed to your mother that has all the trouble with you. Now and what would I do if you fell running over the crags and sprained your ankle?"

And she put her apron to her eyes to wipe away a tear.

Stephen left his chair, came over to her and put his arms around her neck.

"Mother," he said, "I'll tell you what I saw on the crags if you promise not to tell father about me being late and playing ball in Red Michael's field."

"I'll do no such thing," she said.

"Oh, do, mother", he said, "and I'll never be late again, never, never, never."

"All right, Stephen; what did you see, my little treasure?"

He sat down beside her on the threshold and, looking wistfully out into the sky, his eyes became big and dreamy and his face assumed an expression of mystery and wonder.

"I saw a great big black horse," he said, "running in the sky over our heads, but none of the other boys saw it but me, and I didn't tell them about it. The horse had seven tails and three heads and its belly was so big that you could put our house into it. I saw it with my two eyes. I did, mother. And then it soared and galloped away, away, ever so far. Isn't that a great thing I saw, mother?"

"It is, darling," she said dreamily, looking out into the sky, thinking of something with soft eyes. There was silence. Then Stephen spoke again without looking at her.

«Ja, auf deinen Vater hörst du, aber auf deine Mutter, die all den Ärger mit dir hat, hörst du nicht. Und was hätte ich nur gemacht, wenn du auf den Klippen gestürzt und dir den Fuß verstaucht hättest?»

Und sie wischte sich mit dem Zipfel ihrer Schürze eine Träne aus den Augen.

Stephen stand auf, ging zu ihr und legte seine Arme um ihren Hals.

«Mutter», sagte er, «ich verrate dir, was ich auf den Klippen gesehen habe, wenn du versprichst, Vater nichts davon zu sagen, dass ich zu spät war und auf dem Feld des Roten Michael Ball gespielt habe.»

«Ich denke gar nicht daran», sagte sie.

«Ach, bitte, Mutter», bettelte er. «Ich will auch nie, nie wieder zu spät kommen.»

«Also gut, Stephen. Was hast du denn gesehen, mein Schatz?»

Er setzte sich neben sie auf die Schwelle und schaute versonnen in den Himmel; dabei bekam er ganz große, verträumte Augen, und auf seinem Gesicht lag ein Ausdruck der Verzückung und des Staunens.

«Ich habe ein riesengroßes schwarzes Pferd gesehen», sagte er, «das hoch am Himmel dahinsauste, aber keiner von den anderen Jungen hat es gesehen, nur ich, und ich habe ihnen nichts davon gesagt. Das Pferd hatte sieben Schwänze, und sein Bauch war so groß, dass unser Haus dreimal hineingepasst hätte. Ich hab's mit meinen eigenen Augen gesehen. Wirklich, Mutter! Und dann ist es in die Höhe geflogen und davongaloppiert, weit, weit weg. War das nicht wunderschön, was ich da gesehen habe, Mutter?»

«Ja, Liebling», antwortete sie verträumt und sah in den Himmel und dachte dabei an etwas, und ihr Blick wurde ganz mild. Alles war still. Dann sprach Stephen wieder, ohne sie anzusehen.

"Sure you won't tell on me, mother?"

"No treasure, I won't."

"On your soul you won't?"

"Hush ! little one. Listen to the birds. They are beginning to sing. I won't tell at all. Listen to the beautiful ones."

They both sat in silence, listening and dreaming, both of them.

«Wirst du mich auch nicht verraten, Mutter?»

«Nein, Schatz, das werde ich nicht.»

«Schwörst du's?»

«Still, mein Kleiner! Hör nur die Vögel. Sie fangen an zu singen. Ich verrate nichts. Hör nur, wie schön.»

Sie saßen beide schweigend da, lauschend und träumend, alle beide.

Dave Eggers
Rodney Is Looking for His Daughter

Rodney is looking for his daughter. He's looking des-
perately for his daughter, Georgia, who is tiny, only
two, and has run off from the bowling alley and is
presumed lost. Today is her uncle Baz's birthday
party; he insisted on a bowling theme because he
must always be offbeat. Georgia loves her uncle Baz,
but she was the only child in attendance, and somewhere between the second and third frames she disappeared and now everyone is looking for her. Rodney's wife, Pollyanna, is losing her mind. People are
desperate. Someone has called the police. The party-
goer-bowlers are running around the alley, the park-
ing lot, the surrounding streets; all are calling Georgia's name. Pollyanna, after joining the search for
10 minutes, has now collapsed into a puddle by the
vending machines, weeping. "Someone took my
daughter!" she moans. Rodney has searched the bar,
the snack area and the bathrooms. He has sent two of
the party's attendees to their cars, to comb the neigh-
bourhood, and while Rodney is looking for Georgia,
he can't help hoping – he is ashamed the thought
has entered his mind – Baz doesn't find her first. It
would be just like Baz. Baz the Baztard. Baz the piss-
wad who has, since Georgia was born, made sure that
everyone, especially Georgia, thinks he, not Rodney,
is her primary male presence or focus or role model,
or whatever the hell the term is. His Christmas gifts
have to be bigger, more obscene, his weekend outings
more spectacular, unforgettable and well-thought-
out. Archery! Whale-watching! Glass-blowing!

Dave Eggers
Rodney sucht seine Tochter

Rodney sucht seine Tochter. Er sucht verzweifelt nach seiner Tochter Georgia, die noch sehr klein ist, erst zwei. Sie ist von der Bowlingbahn weggelaufen und irrt jetzt wahrscheinlich herum. Heute feiert ihr Onkel Baz Geburtstag; er bestand darauf, beim Bowling zu feiern, weil er immer etwas Besonderes sein will. Georgia liebt ihren Onkel Baz, aber sie war unter den Anwesenden das einzige Kind, und irgendwann zwischen dem zweiten und dritten Spiel verschwand sie, und jetzt suchen alle nach ihr. Rodneys Frau Pollyanna ist außer sich. Alle sind verzweifelt. Irgendwer hat die Polizei gerufen. Die Geburtstagsparty-Bowler rennen in der Halle herum, auf dem Parkplatz, in den angrenzenden Straßen; alle rufen Georgias Namen. Nachdem Pollyanna sich zehn Minuten an der Suche beteiligt hat, ist sie jetzt in Tränen aufgelöst neben den Verkaufsautomaten zusammengeklappt. «Jemand hat meine Tochter entführt!» stöhnt sie. Rodney hat das Lokal abgesucht, die Snackbar und die Toiletten. Er hat zwei der Partygäste mit ihren Autos losgeschickt, die Umgebung zu durchkämmen, und während Rodney nach Georgia sucht, hofft er – obwohl er sich schämt, so etwas zu denken – dass Baz sie nicht zuerst entdeckt. Das sähe Baz ähnlich. Baz, dieser Bastard! Baz, der Mistkerl, der es seit Georgias Geburt darauf angelegt hat, dass alle und vor allem Georgia glauben, er und nicht Rodney sei für sie die männliche Hauptperson, der Mittelpunkt, das Vorbild oder wie man das nennen mag. Immer müssen seine Weihnachtsgeschenke größer sein und geschmackloser, seine Wochenendausflüge großartiger, unvergesslicher und perfekter geplant. Bogenschießen! Wale beobachten! Glasbläserei! Dieser Arsch. Er fertigt seine Kleidung selbst, trägt daheim Holzpantinen und bestand

Putz. He makes his own clothes, wears clogs at home, and insisted last year on defacing poor Georgia's room with a floor-to-ceiling mural of the signing of the Magna Carta. "Uncle Baz!" Georgia could say that before she could say "Daddy". And now Baz is running around, his fanny-pack bouncing off his bloated ass, calling Georgia's name. Rodney is running, too, thinking Please God, let it be me, let it be anyone but Baz — let anyone but Baz find my daughter. And his hair! Did he really wear barrettes that day at the beach? Does he really colour his greying hair with brown shampoo? Why can't Georgia see through that kind of narcissism? Oh Georgia, where are you? And why doesn't he have a real job? He's a "life coach". What the fuck kind of job is that? If he had a real job, he wouldn't be around, every god-damned day, when Rodney got home from work. He wouldn't be chasing Georgia through the house, both of them shrieking like pigs, Georgia passing her father like he was a hat-rack, wanting only more of Uncle Baz, Uncle Baz! Well, for once Rodney will not come second when it comes to his own daughter. For once … Oh no. Please no. Oh Lord. Yes, I see who you found. Thanks, Baz. Thanks a bunch, Baz. Yes, I was scared, too. Still am scared. Why? Oh, never mind, Baz. It doesn't concern you.

letztes Jahr darauf, das Zimmer der armen Georgia mit einem Wandgemälde zu verunstalten, das die Unterzeichnung der Magna Charta darstellt. «Onkel Baz!» Das konnte Georgia schon sagen, bevor sie «Daddy» sagen konnte. Und jetzt rennt Baz herum, dass die Gürteltasche auf seinem fetten Hintern wippt, und ruft Georgias Namen. Auch Rodney rennt und denkt dabei, Lieber Gott, mach, dass ich sie finde oder sonstwer, aber auf keinen Fall Baz. Und dann sein Haar! Hat er damals am Strand wirklich Haarspangen getragen? Färbt er wirklich seine ergrauenden Haare mit braunem Shampoo? Warum kann Georgia diese Eitelkeit nicht durchschauen? Ach Georgia, wo bist du nur? Und warum hat er keinen richtigen Beruf? Er ist «Lebensberater». Was für ein Beruf soll das denn sein? Wenn er einen richtigen Beruf hätte, würde er nicht an jedem verdammten Tag, wenn Rodney nach Hause kommt, bei ihnen herumlungern. Dann würden er und Georgia nicht durchs Haus toben und quieken wie die Schweine, und Georgia würde nicht an ihrem Vater vorbeirennen, als wäre er ein Hutständer, und immer nur nach Onkel Baz verlangen. Onkel Baz! Diesmal wird Rodney jedenfalls nicht hinterherhinken, wenn es um seine eigene Tochter geht. Diesmal … Oh nein. Bitte nicht. Oh Gott. Ja, ich sehe, du hast sie gefunden. Danke, Baz. Tausend Dank, Baz. Ja, ich hab mir auch Sorgen gemacht. Mach ich mir immer noch. Warum? Ach, spielt keine Rolle, Baz. Hat nichts mit dir zu tun.

Ambrose Bierce
The Ingenious Patriot

Having obtained an audience of the King an Ingenious Patriot pulled a paper from his pocket, saying:

"May it please your Majesty, I have here a formula for constructing armor-plating which no gun can pierce. If these plates are adopted in the Royal Navy our warships will be invulnerable, and therefore invincible. Here, also, are reports of your Majesty's Ministers, attesting the value of the invention. I will part with my right in it for a million tumtums."

After examining the papers, the King put them away and promised him an order on the Lord High Treasurer of the Extortion Department for a million tumtums.

"And here," said the Ingenious Patriot, pulling another paper from another pocket, "are the working plans of a gun that I have invented, which will pierce that armor. Your Majesty's royal brother, the Emperor of Bang, is anxious to purchase it, but loyalty to your Majesty's throne and person constrains me to offer it first to your Majesty. The price is one million tumtums."

Having received the promise of another check, he thrust his hand into still another pocket, remarking:

"The price of the irresistible gun would have been much greater, your Majesty, but for the fact that its missiles can be so effectively averted by my peculiar method of treating the armor plates with a new –"

The King signed to the Great Head Factotum to approach.

Ambrose Bierce
Der einfallsreiche Patriot

Ein einfallsreicher Patriot, dem der König eine Audienz gewährt hatte, zog ein Blatt Papier aus seiner Tasche und sagte:

«Wenn Eure Majestät gestatten, ich habe hier eine Formel, um Panzerplatten herzustellen, die keine Kanonenkugel durchschlagen kann. Wenn die Königliche Marine diese Platten anschafft, sind unsere Kriegsschiffe unverwundbar und damit unbesiegbar. Außerdem habe ich hier Gutachten der Minister Eurer Majestät, die den Wert dieser Erfindung bescheinigen. Ich bin bereit, meine Rechte daran für eine Million Tumtum zu verkaufen.»

Nachdem der König die Papiere studiert hatte, legte er sie beiseite und versprach dem Mann einen Scheck über eine Million Tumtum, ausgestellt vom Oberstaatsschatzmeister des Erpressungsministeriums.

«Und hier», sagte der einfallsreiche Patriot und zog aus seiner anderen Tasche ein zweites Papier, «habe ich die Pläne für eine von mir erfundene Kanone, die diese Panzerplatten durchschlagen kann. Der königliche Bruder Eurer Majestät, der Kaiser von Bang, ist begierig, diese Pläne zu erwerben, aber meine Treue zum Thron Eurer Majestät und persönliche Umstände drängen mich, sie Euch zuerst anzubieten. Der Preis beträgt eine Million Tumtum.»

Als ihm ein weiterer Scheck versprochen war, griff er wieder in eine Tasche und erklärte:

«Der Preis für die Kanone, der nichts standzuhalten vermag, wäre viel höher ausgefallen, Eure Majestät, wenn sich ihre Kugeln nicht so wirksam ablenken ließen durch meine neue, ganz besondere Methode, die Panzerplatten zu behandeln ...»

Der König winkte das Große Hof-Faktotum zu sich heran.

"Search this man," he said, "and report how many pockets he has."

"Forty-three, Sire," said the Great Head Factotum, completing the scrutiny.

"May it please your Majesty," cried the Ingenious Patriot, in terror, "one of them contains tobacco."

"Hold him up by the ankles and shake him," said the King; "then give him a check for forty-two million tumtums and put him to death. Let a decree issue declaring ingenuity a capital offence."

«Durchsuche diesen Mann», sagte er, «und stelle fest, wie viele Taschen er hat.»

«Dreiundvierzig, Herr», sagte das Große Hof-Faktotum, als er die Durchsuchung beendet hatte.

«Wenn Eure Majestät gestatten», rief der einfallsreiche Patriot ängstlich, «in einer davon befindet sich nur Tabak.»

«Stellt ihn auf den Kopf und schüttelt ihn», sagte der König. «Dann schreibt ihm einen Scheck über zweiundvierzig Millionen Tumtum und richtet ihn hin. Und fertigt einen Erlass aus, wonach Einfallsreichtum künftig mit dem Tode bestraft wird.»

Robert Louis Stevenson
The Two Matches

One day there was a traveller in the woods in California, in the dry season, when the trades were blowing strong. He had ridden a long way, and he was tired and hungry, and dismounted from his horse to smoke a pipe. But when he felt in his pocket he found but two matches. He struck the first, and it would not light.

"Here is a pretty state of things!" said the traveller. "Dying for a smoke; only one match left; and that certain to miss fire! Was there ever a creature so unfortunate? And yet," thought the traveller, "suppose I light this match, and smoke my pipe, and shake out the dottle here in the grass – the grass might catch fire, for it is dry like tinder; and while I snatch out the flames in front, they might evade and run behind me, and seize upon yon bush of poison oak; before I could reach it, that would have blazed up; over the bush I see a pine-tree hung with moss; that, too, would fly in fire upon the instant to its topmost bough; and the flame of that long torch – how would the trade-wind take and brandish that through the inflammable forest! I hear this dell roar in a moment with the joint voice of wind and fire, I see myself gallop for my soul, and the flying conflagration chase and out-flank me through the hills; I see this pleasant forest burn for days, and the cattle roasted, and the springs dried up, and the farmer ruined, and his children cast upon the world. What a world hangs upon this moment!"

Robert Louis Stevenson
Die zwei Streichhölzer

Es war einmal ein Mann, der durch die kalifornischen Wälder zog, und zwar während der Trockenzeit, als gerade ein starker Passatwind wehte. Er war müde und hungrig, da er schon weit geritten war, und stieg von seinem Pferd, um eine Pfeife zu rauchen. Als er in die Tasche griff, fand er nur noch zwei Streichhölzer. Er strich des erste, doch es wollte nicht brennen.

«Eine schöne Bescherung!» sagte der Reisende. «Ich würde zu gern etwas rauchen, aber es ist nur ein Streichholz übrig, und das brennt bestimmt auch nicht. Soviel Pech kann auch nur ich haben! Andererseits ...», dachte der Mann, «angenommen, ich zünde das Streichholz an und rauche meine Pfeife und klopfe sie hier im Gras aus ... Das Gras könnte anfangen zu brennen, denn es ist trocken wie Zunder. Und während ich noch die Flammen vor mir austreten will, könnten sie sich ausbreiten und auf den Busch dort hinter mir übergreifen. Noch ehe ich zur Stelle wäre, stünde er in Flammen. Hinter dem Busch sehe ich eine moosbewachsene Kiefer. Auch diese würde im Nu bis hinauf zu den höchsten Ästen brennen – und wie würde dann erst der Passatwind die Flammen dieser riesigen Fackel in den leicht zu entzündenden Wald tragen! Ich höre schon, wie Wind und Feuer in kürzester Zeit in diesem Tal tosen, und ich sehe mich schon um mein Leben galoppieren, während die Feuersbrunst mich durch die Berge verfolgt und links und rechts überholt. Ich sehe diese schönen Wälder tagelang brennen. Rinder werden geröstet, Quellen versiegen, Farmer sind ruiniert, ihre Kinder in alle Welt zerstreut. Wieviel hängt doch von diesem kurzen Augenblick ab!»

With that he struck the match, and it missed fire.

"Thank God!" said the traveller, and put his pipe in his pocket.

Mit diesen Worten rieb er das Streichholz an, aber es brannte nicht.

«Gott sei Dank!» sagte der Reisende und steckte seine Pfeife wieder ein.

The Starred Sky

Sherlock Homes and Dr Watson went on a camping trip. After a good meal and a bottle of wine, they lay down for the night and went to sleep.

Some hours later, Holmes awoke and nudged his faithful friend. "Watson, look up at the sky and tell me what you see."

Watson replied, "I see millions and millions of stars."

"What does that tell you?" enquired Holmes.

Watson pondered for a minute. "Astronomically, it tells me that there are millions of galaxies and potentially billions of planets. Astrologically, I observe that Saturn is in Leo. Horologically, I deduce that the time is approximately a quarter past three. Theologically, I can see that God is all powerful and that we are small and insignificant. Meteorologically, I suspect that we will have a beautiful clear day tomorrow. What does it tell YOU?"

Holmes was silent for a minute, then spoke. "Watson, you idiot, some bastard has stolen our tent."

Der gestirnte Himmel

Sherlock Holmes und Dr. Watson machen Camping-Urlaub. Nach einer guten Mahlzeit und einer Flasche Wein legen sie sich am Abend schlafen.

Ein paar Stunden später wacht Holmes auf und stößt seinen treuen Freund an. «Watson, schauen Sie hinauf zum Himmel und sagen Sie mir, was Sie sehen.»

«Ich sehe Millionen und Abermillionen Sterne», antwortet Watson.

«Und was schließen Sie daraus?» fragt Holmes.

Watson denkt einen Augenblick nach. «Astronomisch schließe ich daraus, dass es Millionen von Galaxien und möglicherweise Milliarden von Planeten gibt. Astrologisch stelle ich fest, dass der Saturn im Sternbild des Löwen steht. Chronometrisch folgere ich, dass die Uhrzeit etwa Viertel nach drei ist. Theologisch sagt es mir, dass Gott allmächtig ist und wir klein und unbedeutend sind. Meteorologisch vermute ich, dass wir morgen einen wunderbar klaren Himmel haben werden. Und was schließen SIE daraus?»

Holmes schweigt einen Augenblick, dann sagt er: «Watson, Sie Rindvieh, irgendein Mistkerl hat unser Zelt geklaut!»

Mark Twain
My Watch. An Instructive Little Tale

My beautiful new watch had run eighteen months
without losing or gaining, and without breaking
any part of its machinery or stopping. I had come
to believe it infallible in its judgments about the
time of day, and to consider its constitution and its
anatomy imperishable. But at last, one night, I let it
run down. I grieved about it as if it were a recognized messenger and forerunner of calamity. But
by and by I cheered up, set the watch by guess, and
commanded my bodings and superstitions to depart. Next day I stepped into the chief jeweler's to
set it by the exact time, and the head of the estab-
lishment took it out of my hand and proceeded to
set it for me. Then he said, "She is four minutes
slow – regulator wants pushing up." I tried to stop
him – tried to make him understand that the watch
kept perfect time. But no; all this human cabbage
could see was that the watch was four minutes
slow, and the regulator *must* be pushed up a little;
and so, while I danced around him in anguish, and
implored him to let the watch alone, he calmly and
cruelly did the shameful deed. My watch began to
gain. It gained faster and faster day by day. Within
the week it sickened to a raging fever, and its pulse
went up to a hundred and fifty in the shade. At the
end of two months it had left all the timepieces of
the town far in the rear, and was a fraction over
thirteen days ahead of the almanac. It was away
into November enjoying the snow, while the Octo-
ber leaves were still turning. It hurried up house

Mark Twain
Meine Taschenuhr. Eine lehrreiche kleine Geschichte

Anderthalb Jahre lang war meine schöne neue Taschenuhr
weder vor- noch nachgegangen, hatte kein Rädchen ihres
Uhrwerks verloren und war nicht ein einziges Mal stehen-
geblieben. Ich hielt schließlich ihr Urteil über die Tageszeit
für unfehlbar und glaubte, sie sei, was ihre Konstitution und
Anatomie betraf, unverwüstlich. Aber dann vergaß ich eines
Abends, sie aufzuziehen, und sie blieb stehen. Anfangs war ich
untröstlich, so als wäre dies ein sicheres Vorzeichen für kom-
mendes Unheil, aber nach und nach fasste ich wieder Mut,
stellte die Uhr nach Gefühl und schlug mir die bösen Ahnun-
gen und abergläubischen Befürchtungen aus dem Kopf. Am
nächsten Tag betrat ich das Geschäft des besten Juweliers am
Ort, um die Uhr nach der genauen Zeit zu stellen, und der In-
haber nahm sie mir aus der Hand, um das persönlich für mich
zu tun. Dann sagte er: «Sie geht vier Minuten nach – der Regulator muss ein klein wenig nach oben korrigiert werden.»
Ich versuchte ihn davon abzuhalten und ihm klarzumachen,
dass die Uhr ganz genau gehe. Aber nein, dieser Einfaltspinsel
sah nur, dass die Uhr vier Minuten nachging, und folglich
bestand er darauf, den Regulator nach oben zu rücken. Und
während ich in meiner Not um ihn herumtanzte und ihn an-
flehte, doch bitte die Uhr in Ruhe zu lassen, vollbrachte er
seelenruhig und erbarmungslos die grausame Tat. Meine Uhr
fing nun an vorzugehen, von Tag zu Tag mehr. Binnen einer
Woche entwickelte sie rasendes Fieber und erreichte einen
Puls von hundertfünfzig Grad Fahrenheit im Schatten. Nach
zwei Monaten hatte sie sämtliche Uhren in der Stadt weit
hinter sich gelassen und war dem Kalenderdatum um fast
dreizehn Tage voraus. Sie hatte schon den November erreicht
und freute sich über den ersten Schnee, während sich noch die

rent, bills payable, and such things, in such a ru-
inous way that I could not abide it. I took it to the
watchmaker to be regulated. He asked me if I had
ever had it repaired. I said no, it had never needed
any repairing. He looked a look of vicious happiness and eagerly pried the watch open, and then
put a small dice-box into his eye and peered into its
machinery. He said it wanted cleaning and oiling,
besides regulating – come in a week. After being
cleaned and oiled, and regulated, my watch slowed
down to that degree that it ticked like a tolling bell.
I began to be left by trains, I failed all appoint-
ments, I got to missing my dinner; my watch
strung out three days' grace to four and let me go
to protest; I gradually drifted back into yesterday,
then day before, then into last week, and by and by
the comprehension came upon me that all solitary
and alone I was lingering along in week before last,
and the world was out of sight. I seemed to detect
in myself a sort of sneaking fellow-feeling for the
mummy in the museum, and a desire to swap news
with him. I went to a watchmaker again. He took
the watch all to pieces while I waited, and then said
the barrel was "swelled." He said he could reduce it
in three days. After this the watch *averaged* well,
but nothing more. For half a day it would go like
the very mischief, and keep up such a barking and
wheezing and whooping and sneezing and snorting,
that I could not hear myself think for the distur-
bance; and as long as it held out there was not a
watch in the land that stood any chance against it.
But the rest of the day it would keep on slowing
down and fooling along until all the clocks it had
left behind caught up again. So at last, at the end of

Oktoberblätter färbten. Sie ließ die Fälligkeitstermine für Hausmiete, verschiedene Rechnungen und so weiter mit einer solch ruinösen Geschwindigkeit heranrücken, dass ich es schließlich nicht mehr aushielt. Ich ging mit ihr zum Uhrmacher, um sie regulieren zu lassen. Er erkundigte sich, ob sie schon einmal repariert worden sei. Ich sagte nein, das sei bisher nie nötig gewesen. Ein Ausdruck teuflischer Freude kam über sein Gesicht, und gierig öffnete er die Uhr, klemmte sich so was wie einen kleinen Würfelbecher ins Auge und spähte in ihr Inneres. Sie müsse gereinigt und geölt werden, sagte er, und außerdem reguliert – kommen Sie in einer Woche wieder. Als sie gereinigt, geölt und reguliert war, ging meine Uhr nach, und ihr Ticken war langsam wie das Läuten eines Totenglöckchens. Immer öfter fuhren mir Züge davon, ich verpasste meine Verabredungen, kam zu spät zum Abendessen. Aus einer Zahlungsfrist von drei Tagen machte meine Uhr vier, und so ließ sie meine Wechsel platzen. Ich selbst blieb allmählich zurück, erst im Gestern, dann im Vorgestern, dann in der vorigen Woche, und nach und nach wurde mir bewusst, dass für mich ganz allein noch vorletzte Woche war, während die übrige Welt sich längst davongemacht hatte. Im stillen entwickelte ich kameradschaftliche Gefühle für die Mumie im Museum und hätte gerne Neuigkeiten mit ihr ausgetauscht. Ich ging wieder zu einem Uhrmacher. Er nahm die Uhr, während ich dabeistand, völlig auseinander und erklärte dann, das Federgehäuse habe sich «verzogen». Er könne es, meinte er, in drei Tagen wieder richten. Danach ging meine Uhr im Tagesdurchschnitt richtig, aber mehr auch nicht. Den halben Tag ging sie wie der Teufel und gab ein derartiges Klicken und Knacken und Rattern von sich, dass ich nicht mehr ruhig nachdenken konnte; wenn sie dermaßen in Fahrt war, konnte keine andere Uhr im Land mit ihr mithalten. Aber während des restlichen Tages wurde sie immer langsamer und trödelte so lange herum, bis sämtliche Uhren, denen sie weit voraus

twenty-four hours, it would trot up to the judges' stand all right and just in time. It would show a fair and square average, and no man could say it had done more or less than its duty. But a correct average is only a mild virtue in a watch, and I took this instrument to another watchmaker. He said the king-bolt was broken. I said I was glad it was nothing more serious. To tell the plain truth, I had no idea what the king-bolt was, but I did not choose to appear ignorant to a stranger. He repaired the king-bolt, but what the watch gained in one way it lost in another. It would run awhile and then stop awhile, and then run awhile again, and so on, using its own discretion about the intervals. And every time it went off it kicked back like a musket. I padded my breast for a few days, but finally took the watch to another watchmaker. He picked it all to pieces, and turned the ruin over and over under his glass; and then he said there appeared to be something the matter with the hair-trigger. He fixed it, and gave it a fresh start. It did well now, except that always at ten minutes to ten the hands would shut together like a pair of scissors, and from that time forth they would travel together. The oldest man in the world could not make head or tail of the time of day by such a watch, and so I went again to have the thing repaired. This person said that the crystal had got bent, and that the mainspring was not straight. He also remarked that parts of the works needed half-soling. He made these things all right, and then my timepiece performed unexceptionably, save that now and then, after working along quietly for nearly eight hours, everything inside would let go all of a sudden and

gewesen war, sie wieder eingeholt hatten. Nach vierundzwanzig Stunden erreichte sie dann schließlich im langsamen Gang die Ziellinie – gerade rechtzeitig. Ihre Durchschnittsgeschwindigkeit war also in Ordnung, aber man konnte beim besten Willen nicht behaupten, dass sie ihre Aufgabe damit erfüllte. Es ist einfach nicht gut genug, wenn eine Uhr nur im Vierundzwanzig-Stunden-Durchschnitt die richtige Zeit anzeigt, und ich brachte sie deshalb zu einem weiteren Uhrmacher. Er sagte, der Hauptbolzen sei gebrochen, worauf ich erwiderte, ich sei froh, dass es nichts Ernsteres sei. Ich hatte, offen gestanden, keine Ahnung, was ein Hauptbolzen ist, aber vor einem Fremden wollte ich nicht als Ignorant dastehen. Er reparierte also den Hauptbolzen. Was meine Uhr dadurch auf der einen Seite gewann, verlor sie auf der anderen. Sie ging jetzt eine Zeitlang, und dann blieb sie eine Zeitlang stehen, und dann ging sie wieder, und so fort, wobei sie die Intervalle ganz willkürlich wählte. Und jedes Mal, wenn sie sich wieder in Gang setzte, gab es einen Rückstoß wie bei einer Muskete. Ich polsterte meine Brust, aber nach ein paar Tagen trug ich sie zu einem neuen Uhrmacher. Er nahm sie vollständig auseinander und drehte die Trümmer unter seiner Lupe hin und her, und schließlich meinte er, es liege wohl am Auslöser. Er brachte das in Ordnung und setzte die Uhr wieder in Gang. Jetzt ging sie vorzüglich, außer dass sich die Zeiger jedes Mal um zehn vor zehn zusammenschlossen wie eine Schere und sich von da an gemeinsam vorwärtsbewegten. Aus einer solchen Uhr hätte auch der älteste Mensch der Welt nicht klug werden können, und darum ging ich noch einmal und ließ sie nachsehen. Dieser Mensch sagte, der Kristall sei verbogen und die Hauptfeder liege schief. Außerdem meinte er, Teile des Uhrwerks müssten neu besohlt werden. Er behob diese Mängel, und von da ging meine Taschenuhr einwandfrei, außer dass gelegentlich, nachdem sie an die acht Stunden still getickt hatte, in ihrem Innern plötzlich alles außer Kontrolle zu gera-

begin to buzz like a bee, and the hands would straightway begin to spin round and round so fast that their individuality was lost completely, and they simply seemed a delicate spider's web over the face of the watch. She would reel off the next twenty-four hours in six or seven minutes, and then stop with a bang. I went with a heavy heart to one more watchmaker, and looked on while he took her to pieces. Then I prepared to cross-question him rigidly, for this thing was getting serious. The watch had cost two hundred dollars originally, and I seemed to have paid out two or three thousand for repairs. While I waited and looked on I presently recognized in this watchmaker an old acquaintance – a steamboat engineer of other days, and not a good engineer, either. He examined all the parts carefully, just as the other watchmakers had done, and then delivered his verdict with the same confidence of manner.

He said:

"She makes too much steam – you want to hang the monkey-wrench on the safety-valve!"

I brained him on the spot, and had him buried at my own expense.

My uncle William (now deceased, alas!) used to say that a good horse was a good horse until it had run away once, and that a good watch was a good watch until the repairers got a chance at it. And he used to wonder what became of all the unsuccessful tinkers, and gunsmiths, and shoemakers, and engineers, and blacksmiths; but nobody could ever tell him.

ten schien. Sie fing dann an zu summen wie eine Biene, und ihre Zeiger rotierten so schnell, dass man sie gar nicht mehr einzeln sah, sondern nur noch einen feinen Schleier wie von einem Spinnennetz über dem Zifferblatt wahrnahm. So spulte sie dann die nächsten vierundzwanzig Stunden innerhalb von sechs oder sieben Minuten ab und blieb schließlich mit einem Knacks stehen. Schweren Herzens begab ich mich zu einem weiteren Uhrmacher und sah zu, wie er die Uhr in ihre Bestandteile zerlegte. Ich gedachte, ihn ordentlich ins Kreuzverhör zu nehmen, denn allmählich wurde die Sache ernst. Ich hatte für diese Uhr zweihundert Dollar bezahlt, aber die Reparaturkosten beliefen sich inzwischen bestimmt auf zwei- bis dreitausend. Während ich also zusah und wartete, erkannte ich plötzlich in diesem Uhrmacher einen alten Bekannten – er war früher einmal Maschinist auf einem Dampfer gewesen, und zwar kein besonders guter. Er untersuchte alle Teile mit derselben Sorgfalt wie die andern Uhrmacher, und dann verkündete er sein Urteil mit demselben Brustton der Überzeugung.

Er sagte:

«Sie macht zuviel Dampf. Wir müssen einen Schraubenschlüssel an das Sicherheitsventil hängen!»

Ich erschlug ihn auf der Stelle und ließ ihn auf meine Kosten beerdigen.

Mein (inzwischen leider verstorbener) Onkel William pflegte zu sagen, ein gutes Pferd sei ein gutes Pferd, solange es einem nicht davonlaufe, und eine gute Uhr sei eine gute Uhr, solange man sie nicht zur Reparatur gebe. Und oft stellte er die Frage, was nur aus all den Kesselflickern und Büchsenmachern, Schustern, Schmieden und Mechanikern werde, die in ihrem Beruf keinen Erfolg haben, aber keiner konnte es ihm je sagen.

James Thurber
The Unicorn in the Garden

Once upon a sunny morning a man who sat in a
breakfast nook looked up from his scrambled eggs
to see a white unicorn with a gold horn quietly
cropping the roses in the garden. The man went up
to the bedroom where his wife was still asleep and
woke her. "There's a unicorn in the garden," he said.
"Eating roses." She opened one unfriendly eye and
looked at him. "The unicorn is a mythical beast," she
said, and turned her back on him. The man walked
slowly downstairs and out into the garden. The unicorn was still there; he was now browsing among the
tulips. "Here, unicorn," said the man, and he pulled
up a lily and gave it to him. The unicorn ate it grave-
ly. With a high heart, because there was a unicorn
in his garden, the man went upstairs and roused his
wife again. "The unicorn," he said, "ate a lily." His
wife sat up in bed and looked at him, coldly. "You
are a booby," she said, "and I am going to have you
put in the booby-hatch." The man, who had never
liked the words "booby" and "booby-hatch", and
who liked them even less on a shining morning when
there was a unicorn in the garden, thought for a moment. "We'll see about that," he said. He walked
over to the door. "He has a golden horn in the middle of his forehead," he told her. Then he went back
to the garden to watch the unicorn; but the unicorn
had gone away. The man sat down among the roses
and went to sleep.

As soon as the husband had gone out of the house,
the wife got up and dressed as fast as she could. She

James Thurber
Das Einhorn im Garten

Ein Mann saß einmal an einem sonnigen Morgen in der Essecke beim Frühstück, und als er von seinem Rührei aufsah, entdeckte er im Garten ein weißes Einhorn mit einem goldenen Horn, das seelenruhig von den Rosen fraß. Der Mann lief hinauf ins Schlafzimmer, wo seine Frau noch schlief, und weckte sie. «Im Garten ist ein Einhorn», sagte er, «und frisst Rosen.» Unwirsch öffnete sie ein Auge und sah ihn an. «Einhörner sind Fabelwesen», sagte sie und drehte ihm den Rücken zu. Der Mann ging langsam die Treppe hinunter und hinaus in den Garten. Das Einhorn war noch immer da; es knabberte jetzt an den Tulpen. «Da, Einhorn», sagte der Mann und hielt ihm eine Lilie hin, die er ausgerissen hatte. Das Einhorn verzehrte sie würdevoll. Wohlgelaunt, weil in seinem Garten ein Einhorn war, ging der Mann hinauf, um seine Frau noch einmal zu wecken. «Das Einhorn», sagte er, «hat eine Lilie verzehrt.» Seine Frau richtete sich im Bett auf und sah ihn kalt an. «Du hast ja wohl einen Klaps», sagte sie, «ich werde dich in eine Klapsmühle stecken lassen.» Der Mann, der die Wörter «Klaps» und «Klapsmühle» noch nie gemocht hatte, am wenigsten an einem strahlenden Morgen, wenn sich ein Einhorn im Garten befand, dachte einen Augenblick nach. «Das werden wir ja noch sehen», sagte er. Er ging zur Tür. «Es hat ein goldenes Horn mitten auf der Stirn», sagte er zu ihr. Dann ging er zurück in den Garten, um das Einhorn zu betrachten; aber das Einhorn war nicht mehr da. Der Mann ließ sich zwischen den Rosen nieder und schlief ein.

Sobald ihr Mann das Haus verlassen hatte, stand die Frau auf und kleidete sich an, so schnell sie konnte. Sie

was very excited and there was a gloat in her eye. She telephoned the police and she telephoned a psychiatrist; she told them to hurry to her house and bring a strait-jacket. When the police and the psychiatrist arrived they sat down in chairs and looked at her, with great interest. "My husband," she said, "saw a unicorn this morning." The police looked at the psychiatrist and the psychiatrist looked at the police. "He told me it ate a lily," she said. The psychiatrist looked at the police and the police looked at the psychiatrist. "He told me it had a golden horn in the middle of its forehead," she said. At a solemn signal from the psychiatrist, the police leaped from their chairs and seized the wife. They had a hard time subduing her, for she put up a terrific struggle, but they finally subdued her. Just as they got her into the strait-jacket, the husband came back into the house.

"Did you tell your wife you saw a unicorn?" asked the police. "Of course not," said the husband. "The unicorn is a mythical beast." "That's all I wanted to know," said the psychiatrist. "Take her away. I'm sorry, sir, but your wife is as crazy as a jay bird." So they took her away, cursing and screaming, and shut her up in an institution. The husband lived happily ever after.

Moral:
Don't count your boobies until they are hatched.

war sehr erregt, und in ihren Augen lag Vorfreude. Sie rief die Polizei an, und sie rief einen Psychiater an; sie bat sie beide, schnell zu ihrem Haus zu kommen und eine Zwangsjacke mitzubringen. Als die Polizei und der Psychiater eintrafen, nahmen sie auf Stühlen Platz und blickten sie sehr aufmerksam an. «Mein Mann», sagte sie, «hat heute morgen ein Einhorn gesehen.» Die Polizisten sahen den Psychiater an, und der Psychiater sah die Polizisten an. «Er erzählte mir, es habe eine Lilie gefressen», berichtete sie. Der Psychiater sah die Polizisten an, und die Polizisten sahen den Psychiater an. «Er meinte, es habe ein goldenes Horn mitten auf der Stirn», sagte sie. Auf ein bedeutungsvolles Zeichen des Psychiaters hin sprangen die Polizisten von ihren Stühlen auf und ergriffen die Frau. Sie hatten große Mühe, sie zu bändigen, denn sie wehrte sich heftig, aber schließlich hatten sie sie gebändigt. Gerade als sie sie in die Zwangsjacke steckten, kam ihr Mann ins Haus zurück.

«Haben Sie Ihrer Frau gesagt, Sie hätten ein Einhorn gesehen?» fragten die Polizisten. «Selbstverständlich nicht», antwortete der Mann. «Einhörner sind Fabelwesen.» «Das wollte ich nur wissen», sagte der Psychiater. «Nehmt sie mit. Es tut mir leid, Sir, aber Ihre Frau ist völlig übergeschnappt.» Sie nahmen sie also mit, zeternd und schreiend, und sperrten sie in eine Anstalt. Der Mann lebte fortan glücklich und zufrieden.

Moral:
Man soll den Klaps nicht vor dem Abend tadeln.

Kate Chopin
The Story of an Hour

Knowing that Mrs. Mallard was afflicted with a heart trouble, great care was taken to break to her as gently as possible the news of her husband's death.

It was her sister Josephine who told her, in broken sentences; veiled hints that revealed in half concealing. Her husband's friend Richards was there, too, near her. It was he who had been in the newspaper office when intelligence of the railroad disaster was received, with Brently Mallard's name leading the list of "killed." He had only taken the time to assure himself of its truth by a second telegram, and had hastened to forestall any less careful, less tender friend in bearing the sad message.

She did not hear the story as many women have heard the same, with a paralyzed inability to accept its significance. She wept at once, with sudden, wild abandonment, in her sister's arms. When the storm of grief had spent itself she went away to her room alone. She would have no one follow her.

There stood, facing the open window, a comfortable, roomy armchair. Into this she sank, pressed down by a physical exhaustion that haunted her body and seemed to reach into her soul.

She could see in the open square before her house the tops of trees that were all aquiver with the new spring life. The delicious breath of rain was in the air. In the street below a peddler was crying his wares. The notes of a distant song which some one was singing reached her faintly, and countless sparrows were twittering in the eaves.

Kate Chopin
Die Geschichte einer Stunde

Da bekannt war, dass Mrs. Mallard ein schwaches Herz hatte, war man bemüht, ihr die Nachricht vom Tod ihres Mannes so schonend wie möglich beizubringen.

Es war ihre Schwester Josephine, die es ihr sagte, in unvollständigen Sätzen; Andeutungen, die enthüllten, indem sie halb verschleierten. Richards, der Freund ihres Mannes, war auch da, ganz in ihrer Nähe. Er war in der Zeitungsredaktion gewesen, als die Meldung von dem Eisenbahnunglück eintraf und Brently Mallards Name ganz oben auf der Liste der Todesopfer stand. Er hatte sich noch die Zeit genommen, ein zweites Telegramm als Bestätigung abzuwarten, und war dann losgeeilt, um zu verhindern, dass ein weniger vorsichtiger, weniger behutsamer Freund die traurige Mitteilung überbrachte.

Mrs. Mallard nahm die Sache nicht so auf, wie viele andere Frauen es getan hätten, gelähmt und ungläubig. Sie brach sofort in Tränen aus, heftig und hemmungslos, in den Armen ihrer Schwester. Als sich der Sturm ihres Kummers gelegt hatte, ging sie allein in ihr Zimmer. Niemand sollte ihr folgen.

Dort stand am offenen Fenster ein bequemer, großer Sessel. In diesen ließ sie sich fallen, niedergedrückt von einer Erschöpfung, die ihren ganzen Körper erfasste und bis in ihre Seele zu dringen schien.

Auf dem weiten Platz vor ihrem Haus sah sie die Baumkronen, in denen das neue Leben des Frühlings bebte. Der köstliche Geruch von Regen lag in der Luft. Unten auf der Straße rief ein Händler seine Waren aus. Die Melodie eines Liedes, das jemand in der Ferne sang, erreichte sie schwach, und unzählige Spatzen zwitscherten von den Dächern.

There were patches of blue sky showing here and there through the clouds that had met and piled one above the other in the west facing her window.

She sat with her head thrown back upon the cushion of the chair, quite motionless, except when a sob came up into her throat and shook her, as a child who has cried itself to sleep continues to sob in its dreams.

She was young, with a fair, calm face, whose lines bespoke repression and even a certain strength. But now there was a dull stare in her eyes, whose gaze was fixed away off yonder on one of those patches of blue sky. It was not a glance of reflection, but rather indicated a suspension of intelligent thought.

There was something coming to her and she was waiting for it, fearfully. What was it? She did not know; it was too subtle and elusive to name. But she felt it, creeping out of the sky, reaching toward her through the sounds, the scents, the color that filled the air.

Now her bosom rose and fell tumultuously. She was beginning to recognize this thing that was approaching to possess her, and she was striving to beat it back with her will – as powerless as her two white slender hands would have been.

When she abandoned herself a little whispered word escaped her slightly parted lips. She said it over and over under her breath: "Free, free, free!" The vacant stare and the look of terror that had followed it went from her eyes. They stayed keen and bright. Her pulses beat fast, and the coursing blood warmed and relaxed every inch of her body.

She did not stop to ask if it were or were not a monstrous joy that held her. A clear and exalted perception enabled her to dismiss the suggestion as trivial.

Hier und da zeigte sich der blaue Himmel zwischen den Wolken, die sich im Westen vor ihrem Fenster angesammelt und aufgetürmt hatten.

Sie saß da, den Kopf auf die Lehne des Sessels zurückgelegt, reglos, außer wenn ein Schluchzer in ihr aufstieg und sie erzittern ließ wie ein Kind, das sich in den Schlaf geweint hat und in seinen Träumen noch weiter schluchzt.

Sie war jung und hatte ein hübsches, klares Gesicht, dessen Züge Selbstbeherrschung und sogar eine gewisse Stärke verrieten. Aber jetzt lag etwas Stumpfes in ihren Augen, die starr auf einen der blauen Flecken am Himmel gerichtet waren. Es war kein nachdenklicher Blick, sondern einer, der erkennen ließ, dass alles vernünftige Denken ausgesetzt hatte.

Da war etwas, das sich ihr näherte und auf das sie wartete, ängstlich. Was war es? Sie wusste es nicht; es war zu unbestimmt und zu flüchtig, um es zu benennen. Aber sie konnte fühlen, wie es aus dem Himmel hervorkroch und durch die Töne, den Duft, die Farbe, die die Luft erfüllten, nach ihr griff.

Und nun hob und senkte sich ihr Busen wild bewegt. Sie fing an zu verstehen, was sich da näherte und von ihr Besitz ergreifen wollte, und sie versuchte, es mit Willensstärke abzuwehren – aber ihr Wille war so schwach wie ihre beiden schlanken weißen Hände.

Als sie ihren Widerstand aufgab, kam ein kleines Wort leise über ihre leicht geöffneten Lippen. Wieder und wieder flüsterte sie es: «Frei, frei, frei!» Der leere Blick und der Ausdruck des Entsetzens, der ihm folgte, wichen aus ihren Augen. Sie waren nun klar und hell. Ihr Puls schlug schnell, und der Strom ihres Blutes erwärmte und entspannte jeden Zoll ihres Körpers.

Sie dachte gar nicht darüber nach, ob die Freude, die sie ergriffen hatte, möglicherweise etwas Ungeheuerliches sei. Eine klare, erhebende Einsicht erlaubte es ihr, diese Vorstellung als belanglos abzutun.

She knew that she would weep again when she saw the kind, tender hands folded in death; the face that had never looked save with love upon her, fixed and gray and dead. But she saw beyond that bitter moment a long procession of years to come that would belong to her absolutely. And she opened and spread her arms out to them in welcome.

There would be no one to live for during those coming years; she would live for herself. There would be no powerful will bending hers in that blind persistence with which men and women believe they have a right to impose a private will upon a fellow-creature. A kind intention or a cruel intention made the act seem no less a crime as she looked upon it in that brief moment of illumination.

And yet she had loved him – sometimes. Often she had not. What did it matter! What could love, the unsolved mystery, count for in face of this possession of self-assertion which she suddenly recognized as the strongest impulse of her being!

"Free! Body and soul free!" she kept whispering.

Josephine was kneeling before the closed door with her lips to the keyhole, imploring for admission. "Louise, open the door! I beg; open the door – you will make yourself ill. What are you doing, Louise? For heaven's sake open the door."

"Go away. I am not making myself ill." No; she was drinking in a very elixir of life through that open window.

Her fancy was running riot along those days ahead of her. Spring days, and summer days, and all sorts of days that would be her own. She breathed a quick prayer that life might be long. It was only yesterday she had thought with a shudder that life might be long.

Sie wusste, dass sie wieder weinen würde, wenn sie die im Tod gefalteten gütigen, zärtlichen Hände sehen würde; das Gesicht, das sie nie anders als liebevoll angeblickt hatte, starr und fahl und tot. Aber sie sah jenseits dieses bitteren Augenblicks die lange Folge von Jahren, die ganz allein ihr gehören würden. Und sie breitete ihre Arme aus, um sie willkommen zu heißen.

In diesen kommenden Jahren würde es niemanden geben, für den sie lebte; sie würde nur für sich leben. Es würde keinen mächtigen Willen geben, der den ihren umformte, mit der blinden Beharrlichkeit, mit der Männer und Frauen glauben, den eigenen Willen einem anderen Menschen aufzwingen zu dürfen. Ob diese Absicht gut war oder böse, ihr schien, als sie in diesem kurzen Augenblick der Hellsichtigkeit darüber nachdachte, dass es ein Verbrechen war, so etwas zu tun.

Und doch hatte sie ihn geliebt – manchmal. Oft auch nicht. Aber was hatte das jetzt noch zu besagen! Was bedeutete schon Liebe, dieses unlösbare Rätsel, angesichts dieser Selbstgewissheit, die sie plötzlich als die stärkste Triebfeder ihres Daseins erkannte!

«Frei! An Leib und Seele frei!» flüsterte sie immer wieder.

Josephine kniete vor der verschlossenen Tür, die Lippen am Schlüsselloch, und bat flehentlich, eingelassen zu werden. «Louise, mach auf! Ich bitte dich, öffne die Tür – du wirst noch krank werden. Was tust du, Louise? Um Himmels willen, mach die Tür auf.»

«Lass mich. Ich werde nicht krank.» Nein, durch dieses offene Fenster sog sie das reine Lebenselixier in sich auf.

Die Tage, die vor ihr lagen, überstürzten sich in ihrer Phantasie. Frühlingstage und Sommertage und alle Arten von Tagen, die ihr allein gehören würden. Sie hauchte ein kurzes Gebet, dass das Leben lange währen möge. Noch gestern hatte sie mit einem Schauder gedacht, dass das Leben lange währen könnte.

She arose at length and opened the door to her sister's importunities. There was a feverish triumph in her eyes, and she carried herself unwittingly like a goddess of Victory. She clasped her sister's waist, and together they descended the stairs. Richards stood waiting for them at the bottom.

Some one was opening the front door with a latchkey. It was Brently Mallard who entered, a little travel-stained, composedly carrying his grip-sack and umbrella. He had been far from the scene of accident, and did not even know there had been one. He stood amazed at Josephine's piercing cry; at Richards' quick motion to screen him from the view of his wife.

But Richards was too late.

When the doctors came they said she had died of heart disease – of joy that kills.

Schließlich stand sie auf und öffnete auf das Drängen ihrer Schwester hin die Tür. In ihren Augen war ein fieberhaft triumphierendes Glänzen, und ihre Haltung glich ungewollt der einer Siegesgöttin. Sie fasste ihre Schwester um die Taille, und gemeinsam gingen sie die Treppe hinunter. Richards stand unten und erwartete sie.

Jemand öffnete die Haustür mit einem Schlüssel. Es war Brently Mallard, der hereinkam, ein wenig staubig von der Fahrt, in der Hand seine Reisetasche und einen Regenschirm. Er war vom Ort des Zugunglücks weit entfernt gewesen, wusste nicht einmal, dass ein Unglück geschehen war. Er stand da, verblüfft von Josephines schrillem Aufschrei und von Richards' schneller Bewegung, mit der er ihn vor den Blicken seiner Frau verdecken wollte.

Aber Richards war nicht schnell genug.

Als die Ärzte eintrafen, erklärten sie, es sei ein Herzschlag gewesen – Freude, die tödlich war.

Ambrose Bierce
The Crimson Candle

A man lying at the point of death called his wife to
his bedside and said:

"I am about to leave you forever; give me, therefore, one last proof of your affection and fidelity, for,
according to our holy religion, a married man seeking admittance at the gate of Heaven is required to
swear that he has never defiled himself with an un-
worthy woman. In my desk you will find a crimson
candle, which has been blessed by the High Priest
and has a peculiar mystical significance. Swear to me
that while it is in existence you will not remarry."

The Woman swore and the Man died. At the funeral the Woman stood at the head of the bier, holding a lighted crimson candle till it was wasted en-
tirely away.

Ambrose Bierce
Die rote Kerze

Ein Mann, der im Sterben lag, rief seine Frau zu sich ans Bett und sagte:

«Bald werde ich dich für immer verlassen. Gib mir daher einen letzten Beweis deiner Zuneigung und Treue, denn nach unserer heiligen Religion muss ein Mann, der Einlass in den Himmel begehrt, schwören, dass er sich nicht durch eine unwürdige Frau entehrt hat. In meinem Schreibpult findest du eine rote Kerze, die vom Hohenpriester geweiht wurde und die eine ganz besondere mystische Bedeutung hat. Schwöre mir, dass du dich nicht wieder verheiraten wirst, solange es sie gibt.»

Die Frau schwor, und der Mann starb. Bei der Beisetzung stand die Frau am Kopfende der Bahre und hielt in ihrer Hand eine brennende rote Kerze so lange, bis diese vollständig heruntergebrannt war.

H. E. Bates
For the Dead

A little pink-faced man, wearing a bowler hat and a mackintosh over a black suit, was hurrying towards the cemetery carrying a bunch of white chrysanthemums wrapped in newspaper and smoking a stump of cigarette that was half hidden by his greyish yellow moustache. A gentle rain was falling, a drizzling misty November rain that clung like dew to the chrysanthemums and like tiniest beads of quicksilver to the man's moustache and his bowler hat. The afternoon would be dark early. The sky was a single vast leaden cloud; the rain was coming a little faster each moment. As the rain came faster the man increased his pace. He carried the chrysanthemums close to his side, furtively, flowers downward, uneasily conscious of them.

The cemetery was deserted. In the distance the rain made a faint vapour, dissolving the white tombstones. The cypress trees drooped heavily and the branches of the leafless almond trees stood black against the sky, delicately laced with odd jewels of rain.

Hurrying, the man went past the public water-tap and the watering-cans and along the wet devious paths among the graves. He walked as though it were all very distasteful to him – the rain, the deserted cemetery, the very thought of placing the flowers on the grave of his dead wife. Yet there was a kind of indifference also in his very irritation, as though he hardly cared whether the flowers were put there or not. He began to walk even faster, anxious to have done with it all.

He came at last to his wife's grave, a rectangle of white marble enclosing a mound of neglected grass,

H. E. Bates
Den Verstorbenen zuliebe

Ein kleiner, rotgesichtiger Mann, einen steifen Hut auf dem
Kopf und einen Regenmantel über seinem schwarzen Anzug,
eilte zum Friedhof, in der Hand einen Strauß weißer Chrysanthemen, in Zeitungspapier gewickelt, und im Mund eine
halbgerauchte Zigarette, die unter seinem gelblich-grauen
Schnurrbart kaum zu sehen war. Es nieselte, nebliger Novem-
berregen, der wie Tautropfen an den Chrysanthemen hing
und wie winzige Quecksilberperlchen im Schnurrbart des
Mannes und an seinem steifen Hut. An diesem Nachmittag
würde es früh dunkel werden. Der Himmel war eine einzige
große, bleierne Wolke; als der Regen heftiger wurde, be-
schleunigte der Mann seine Schritte. Die Chrysanthemen
hielt er dicht an sich gedrückt, fast verstohlen, die Blüten
nach unten, als wären sie ihm unangenehm.

Der Friedhof wirkte verlassen. In der Ferne bildete der Regen einen Dunstschleier, in dem die weißen Grabsteine ver-
schwammen. Die Zypressen neigten sich schwer herab, und die
Äste der kahlen Mandelbäume ragten schwarz in den Himmel,
vom Regen hier und da wie mit bunten Edelsteinen besetzt.

Eilig ging der Mann an dem Wasserhahn für Besucher und
den Gießkannen vorbei und folgte den gewundenen, feuchten
Wegen zwischen den Gräbern. Er sah dabei aus, als wäre ihm
das alles zuwider – der Regen, der verlassene Friedhof, sogar
der Gedanke, die Blumen auf das Grab seiner verstorbenen
Frau zu legen. Zugleich war da aber so etwas wie Gleichgül-
tigkeit in seinem Ärger, so als wäre es belanglos, ob die Blumen dort niedergelegt würden oder nicht. Er ging noch etwas
schneller, um nur alles rasch hinter sich zu bringen.

Endlich erreichte er das Grab seiner Frau; eine rechteckige
Einfassung aus weißem Marmor rahmte einen ungepflegten,

and without taking off his hat and still sucking the cigarette through his wet moustache he took the chrysanthemums from their wrapping of newspaper, shook them and dropped them carelessly on the wet grass. On the grass, in a half-rusty green tin vase, stood the chrysanthemums he had put there a fortnight before. Once white, they were now shrivelled and blackened by frost and rain. Straddling the grave he seized the tin, wrenched out the old flowers and dropped them too on the wet grass.

Picking up the new chrysanthemums, he hesitated. The tin was empty of water. He stood for a moment wondering if he should walk back across the cemetery to the water-tap. And then, impatiently, he decided against it. It was a long way in the rain. What did it matter! A lot of trouble, a lot of trouble for nothing. The flowers would die in any case. He wanted to get it over.

He hastily picked up the new white bunch of chrysanthemums. But stooping with them he again hesitated.

Down the path, also at a grave, was another man. He was a thin stooping figure and with his black bowler hat and his black overcoat he had the almost ascetic respectability of a tired shopwalker. Like the small man he was middle-aged, and like him also he was arranging a bunch of white chrysanthemums hastily, as though it were distasteful and he wanted to escape from the cemetery and the rain.

They noticed each other simultaneously and could not avoid speaking.

"Good afternoon."

"Ah, good afternoon."

They were slightly acquainted and they spoke deferentially, their voices a little embarrassed, and they

grasbewachsenen Hügel ein; und ohne seinen Hut abzusetzen und immer noch durch seinen feuchten Schnurrbart hindurch an der Zigarette ziehend, nahm er die Chrysanthemen aus dem Zeitungspapier, schüttelte sie und warf sie achtlos auf das nasse Gras. Dort im Gras standen in einer halbverrosteten grünen Blechvase die Chrysanthemen, die er vor vierzehn Tagen hingestellt hatte. Vormals weiß, waren sie durch Regen und Frost welk und schwarz geworden. Er beugte sich über das Grab, nahm die Vase, zog die alten Blumen heraus und warf auch sie ins nasse Gras.

Als er nach den neuen Chrysanthemen griff, zögerte er. In der Vase war kein Wasser mehr. Einen Augenblick stand er da und überlegte, ob er zum Wasserhahn zurückgehen sollte. Dann entschied er sich ungeduldig dagegen. Es war ein langer Weg bei Regenwetter. Und kam es denn darauf an? Es bedeutete nur Mühe, viel Mühe für nichts. Die Blumen würden ohnehin verwelken. Er wollte es hinter sich bringen.

Hastig nahm er den frischen Strauß weißer Chrysanthemen. Aber als er sich bückte, zögerte er wieder.

Etwas entfernt stand auch ein Mann an einem Grab. Er war hager und leicht gebeugt, und mit seinem steifen schwarzen Hut und dem schwarzen Mantel wirkte er fast asketisch, ein wenig müde, wie ein höherer Angestellter. Der Mann war schon älter, so wie er selbst, und auch er war dabei, eilig einen Strauß weißer Chrysanthemen zu ordnen, so als ob ihm das zuwider wäre und er schnell dem Friedhof und dem Regen entkommen wollte.

Ihre Blicke begegneten sich, und sie konnten nun nicht umhin, ein paar Worte zu wechseln.

«Guten Tag.»

«Äh … guten Tag.»

Da sie einander kaum kannten, klangen sie sehr förmlich und ein wenig verlegen, und einen Augenblick standen

stood for a moment hesitant, not knowing what to do or what also to say.

Then casually the smaller man glanced up at the sky. "I shouldn't wonder if it rained all night," he remarked.

Then, as he lowered his eyes, he saw that the other man had removed his hat and was staring dismally at the rain, as though in thought.

"Ah!" he said heavily. "I shouldn't wonder." The small man glanced at the other man with secret annoyance for having removed his hat.

There was a silence, then, after a moment, the small man unobtrusively took off his hat also. His head, very bald, like a bladder of pink lard, seemed to stand out strangely large in the colourless rainy air. Then, as he stood with his head half-bowed, the little man remembered his cigarette. It seemed suddenly disrespectful and he let it fall from his mouth and it dropped on the wet grass, hissing faintly until he put his foot on it.

They stood there with their hats in their hands and with the rain drizzling on their bare heads until the tall man spoke again.

"You haven't a drop of water to spare," he said, "have you?"

The little man shook his head. "But I was just going to the tap," he said. "I'll bring a can."

"Oh no, I was going myself."

"It seems a pity for us both to go."

The tall man smiled and shook his head with a heavy and deliberate pretence of mournfulness.

"One day we shall have to go," he said.

The little man nodded. "I suppose so," he said, heavily also.

Almost before they were aware of it they were walk-

sie so da, und wussten nicht recht, was sie tun oder sagen sollten.

Dann sah der kleine Mann wie zufällig zum Himmel. «Es würde mich nicht wundern, wenn es die ganze Nacht regnete», sagte er.

Als er seinen Blick wieder senkte, bemerkte er, dass der andere seinen Hut abgesetzt hatte und kummervoll und nachdenklich zum Himmel blickte.

«Ja», seufzte er, «das würde mich auch nicht wundern.» Der kleine Mann sah den andern, weil er seinen Hut abgenommen hatte, mit leiser Missbilligung an.

Sie schwiegen, und dann nahm auch der kleine Mann verstohlen seinen Hut ab. Sein Kopf war kahl wie eine gefüllte Schweinsblase und wirkte im farblosen Regen sonderbar groß und auffällig. Während er den Kopf leicht gesenkt hielt, erinnerte er sich an seine Zigarette. Auf einmal erschien sie ihm pietätlos, und er warf sie weg, so dass sie leise zischend ins Gras fiel, wo er sie austrat.

So standen sie da, ihre Hüte in der Hand, während es ihnen auf den Kopf regnete. Dann ergriff der große Mann wieder das Wort.

«Sie haben nicht zufällig ein bisschen Wasser übrig?» fragte er.

Der kleine Mann schüttelte den Kopf. «Aber ich wollte gerade zum Hahn gehen. Ich bringe eine Kanne mit.»

«Nicht nötig, ich wollte selber gehen.»

«Wir müssen doch nicht beide hingehen.»

Der große Mann lächelte und schüttelte mit gespielter Schwermut den Kopf.

«Eines Tages müssen wir alle gehen», sagte er.

Der kleine Mann nickte. «Wohl wahr», seufzte er ebenfalls mit dumpfer Stimme.

Noch ehe sie es so recht bemerkten, gingen sie gemein-

ing down the path together, leaving their flowers on the wet grass. They walked at a slow almost solemn pace, with their hats still in their hands, as though to a funeral. Now and then they shot furtive glances of secret impatience at each other, each irritably wondering when the other would put on his hat. But neither made a sign, and they walked to the water-tap and back to the graves again without a change of pace, each with a can of water in one hand and his hat still in the other.

Stooping over the graves they arranged their flowers with a kind of deliberate reverence, filling the tin vases carefully, touching the flower petals with a perceptible show of tenderness. At intervals they half glanced up at each other, each as though wondering if the other were looking and what he were thinking.

At last they were finished and they stood upright. The thin man had been kneeling and he brushed his hands across his wet knees. The little man could feel the rain falling in larger drops on his bald head and collecting into even larger drops that rolled suddenly, like little balls of ice, down his neck.

They stood in silence, a pace or two back from the graves, their heads a trifle bowed in a pretence of grief. They stood there for what seemed to both of them a long time, secretly impatient, staring heavily into space, as though reflecting regretfully on the past and the dead. They had no longer any need to pretend wretchedness. The rain was coming down each moment faster and colder, dripping swiftly down from the wintry branches to the glistening marble tombs and the yellowish muddy paths. Once or twice the tall man ran his hand in concern across his damp knees and the other shook his head slightly, shivering miserably under the cold rain.

sam den Pfad entlang. Ihre Blumen ließen sie im nassen Gras zurück. Langsam, fast feierlich schritten sie, ihre Hüte noch immer in der Hand, so als gingen sie zu einer Beerdigung. Ungeduldig warfen sie ab und zu einen verstohlenen Blick zur Seite und fragten sich gereizt, wann der andere denn endlich seinen Hut wieder aufsetzen würde. Aber keiner machte Anstalten, und so gingen sie zum Wasserhahn und genauso langsam wieder zurück zu den Gräbern, jeder mit einer Gießkanne in der einen Hand und dem Hut in der anderen.

Sie beugten sich über ihre Gräber und ordneten die Blumen mit betonter Andacht, füllten sorgfältig die Blechvasen und berührten die Blüten mit deutlich sichtbarer Zärtlichkeit. Mitunter sahen sie einander aus den Augenwinkeln an, als wüssten sie gern, ob der andere herschaute und was er wohl dachte.

Endlich waren sie fertig und richteten sich auf. Der große Mann hatte gekniet und wischte seine Hosenbeine ab. Der kleine Mann fühlte, wie ihm der Regen jetzt in großen Tropfen auf den kahlen Schädel fiel, wo sie sich sammelten und ihm dann plötzlich wie kleine Eiskugeln den Nacken hinunterkullerten.

Schweigend standen sie da, ein oder zwei Schritte von den Gräbern entfernt, die Köpfe in scheinbarer Trauer ein wenig gesenkt. Die Zeit kam ihnen sehr lang vor, während sie düster und voll heimlicher Ungeduld ins Leere starrten, als dächten sie wehmütig an Vergangenes und an die Verstorbene. Jetzt mussten sie nicht mehr so tun, als wären sie gramgebeugt. Der Regen wurde immer heftiger und kälter und tropfte von den kahlen Ästen auf den nass glänzenden Marmor und die aufgeweichten gelblichen Wege. Der große Mann befühlte ein paar Mal mit der Hand besorgt seine Knie, und der andere schüttelte ein wenig den Kopf und fröstelte missmutig im kalten Regen.

At last the tall man gave a sigh as though reluctant to depart, and picked up his watering-can.

"Well, it's no use standing here," he said mournfully.

He shook his head as he spoke. "No use standing here." The little man shook his head in melancholy agreement, sighing also.

A moment later, with secret relief, they were walking away together down the path. Unobtrusively the tall man put on his hat and then the small man put on his too. They walked deferentially, in silence, until they reached the water-tap, where they left their watering-cans.

At the gates they stood for a moment and then parted. The rain was falling heavily, the mist and the darkness together hid the farthest tombs and trees from sight, and the two men hurried away from each other with angry relief and impatience, as though they never wished to see each other again.

Schließlich seufzte der Große, als fiele es ihm schwer zu gehen, und nahm seine Gießkanne.

«Hat doch keinen Sinn, noch länger hier zu stehen», sagte er schwermütig.

Er schüttelte seinen Kopf, als er das sagte. «Hat keinen Sinn.» Zustimmend schüttelte auch der kleine Mann melancholisch den Kopf und seufzte ebenfalls.

Kurz darauf gingen sie, insgeheim erleichtert, nebeneinander den Weg entlang. Unauffällig setzte der große Mann seinen Hut auf, und dann tat der kleine dasselbe. Wortlos und würdevoll gingen sie zum Wasserhahn und stellten dort ihre Gießkannen ab.

Am Friedhofstor blieben sie einen Augenblick stehen und trennten sich dann. Es regnete jetzt sehr stark, die weiter entfernten Gräber und Bäume waren im Dunst und in der Dunkelheit schon nicht mehr zu sehen, und die beiden Männer strebten eilig auseinander, ärgerlich und zugleich erleichtert, so als wünschten sie, einander niemals wieder zu sehen.

Mark Cohen
Accidents

Reginald Cooke had buried three wives before he married Cecile Northwood.

"Tragic accidents," he told her.

"How sad," replied Cecile. "Were they … wealthy?"

"And beautiful," said Reginald.

They honeymooned in the Alps.

Later, Cecile told her new husband, "You know, darling, my first husband died in a tragic mountaineering accident."

"How sad," replied Justin Marlow.

Enrique Anderson Imbert
Taboo

His guardian Angel whispered to Fabian, behind his shoulder: "Careful, Fabian! It is decreed that you will die the minute you pronounce the word *doyen*."

"Doyen?" asks Fabian, intrigued.

And he dies.

Mark Cohen
Unfälle

Reginald Cooke hatte schon drei Ehefrauen zu Grabe getragen, als er Cecile Northwood heiratete.

«Tragische Unfälle», sagte er zu ihr.

«Wie traurig», erwiderte Cecile. «Waren sie … wohlhabend?»

«Und sehr hübsch», sagte Reginald.

Sie verbrachten ihre Flitterwochen in den Alpen.

Später erzählte Cecile ihrem frisch angetrauten Ehemann: «Weißt du, Liebling, mein erster Mann starb bei einem tragischen Bergunfall.»

«Wie traurig», erwiderte Justin Marlow.

Enrique Anderson Imbert
Tabu

Fabians Schutzengel stand dicht hinter ihm und raunte ihm zu: «Vorsicht, Fabian! Es ist dir vorherbestimmt, dass du sterben musst, sobald du das Wort ‹Doyen› aussprichst.»

«Doyen?» fragt Fabian verblüfft.

Und er stirbt.

Edgar Allan Poe
Shadow. A Parable

> Yea! though I walk through the valley of the *Shadow*:
> – *Psalm of David (XXIII).*

Ye who read are still among the living: but I who
write shall have long since gone my way into the region of shadows. For indeed strange things shall happen, and secret things be known, and many centuries
shall pass away, ere these memorials be seen of men.
And, when seen, there will be some to disbelieve, and
some to doubt, and yet a few who will find much to
ponder upon in the characters here graven with a
stylus of iron.

The year had been a year of terror, and of feelings
more intense than terror for which there is no name
upon the earth. For many prodigies and signs had
taken place, and far and wide, over sea and land, the
black wings of the Pestilence were spread abroad. To
those, nevertheless, cunning in the stars, it was not
unknown that the heavens wore an aspect of ill; and
to me, the Greek Oinos, among others, it was evident
that now had arrived the alternation of that seven
hundred and ninety-fourth year when, at the entrance
of Aries, the planet Jupiter is conjoined with the red
ring of the terrible Saturnus. The peculiar spirit of the
skies, if I mistake not greatly, made itself manifest,
not only in the physical orb of the earth, but in the
souls, imaginations, and meditations of mankind.

Over some flasks of the red Chian wine, within the
walls of a noble hall, in a dim city called Ptolemais, we
sat, at night, a company of seven. And to our chamber

Edgar Allan Poe
Schatten. Eine Parabel

> Und ob ich schon wanderte im Tal des *Schattens* ...
>
> *Psalm 23*

Ihr, die ihr dies lest, weilt noch unter den Lebenden; aber ich, der dies schreibt, werde schon längst meinen Weg ins Reich der Schatten gegangen sein. Denn wahrhaft seltsame Dinge werden geschehen, und Geheimes wird offenbar werden, und viele Jahrhunderte werden vergehen, bevor Menschen diese Aufzeichnungen lesen. Und wenn sie sie gelesen haben, werden so manche nicht glauben und manche zweifeln, aber einige werden über die Schriftzüge, die hier mit eisernem Griffel eingegraben sind, ernsthaft nachdenken.

Das Jahr war ein Jahr des Schreckens gewesen und voller Empfindungen, schlimmer als Schrecken, für die es auf Erden keine Bezeichnung gibt. Es waren viele Zeichen und Wunder geschehen, und nah und fern, über Meer und Land, hielt die Pest ihre schwarzen Schwingen gebreitet. Denjenigen freilich, welche die Gestirne deuten, war nicht verborgen geblieben, dass die Himmel Unheil verkündeten; und mir, dem Griechen Oinos, und anderen war bewusst, dass das siebenhundertvierundneunzigste Jahr gekommen war, in dem der Planet Jupiter beim Eintritt in den Widder wieder in Konjunktion mit dem roten Ring des schrecklichen Saturn steht. Die eigentümliche Stimmung der Sphären machte sich, wenn ich nicht sehr irre, nicht allein im physischen Zustand des Erdkreises bemerkbar, sondern auch in den Seelen, Phantasien und Gedanken der Menschen.

Bei einigen Flaschen roten Chiosweines saßen wir eines Nachts in einem hohen Saal innerhalb der Mauern einer düsteren Stadt namens Ptolemais; wir waren eine Gesellschaft

there was no entrance save by a lofty door of brass: and the door was fashioned by the artisan Corinnos, and, being of rare workmanship, was fastened from within. Black draperies, likewise, in the gloomy room, shut out from our view the moon, the lurid stars, and the people-less streets – but the boding and the memory of Evil, they would not be so excluded. There were things around us and about of which I can render no distinct account – things material and spiritual – heaviness in the atmosphere – a sense of suffocation – anxiety – and, above all, that terrible state of existence which the ner-vous experience when the senses are keenly living and awake, and meanwhile the powers of thought lie dor-mant. A dead weight hung upon us. It hung upon our limbs – upon the household furniture – upon the goblets from which we drank; and all things were depressed, and borne down thereby – all things save only the flames of the seven iron lamps which illumined our revel. Uprear-ing themselves in tall slender lines of light, they thus remained burning all pallid and motionless; and in the mirror which their lustre formed upon the round table of ebony at which we sat, each of us there assembled be-held the pallor of his own countenance, and the unquiet glare in the downcast eyes of the companions. Yet we laughed and were merry in our proper way – which was hysterical; and sang the song of Anacreon – which are madness; and drank deeply – although the purple wine reminded us of blood. For there was yet another tenant of our chamber in the person of young Zoilus. Dead, and at full length he lay, enshrouded; the genius and the dmon of the scene. Alas! he bore no portion in our mirth, save that his countenance, distorted with the plague, and his eyes in which Death had but half extin-guished the fire of the pestilence, seemed to take such

von sieben. Zu diesem Saal gab es keinen anderen Zugang
als durch eine mächtige Tür aus Messing; und diese Tür, ein
einzigartiges Meisterwerk des Künstlers Corinnos, war von
innen verschlossen. Schwarze Behänge an den Wänden des
finsteren Raumes entzogen den Mond, die bleichen Sterne
und die menschenleeren Straßen unseren Blicken – doch die
bösen Vorahnungen und Erinnerungen ließen sich nicht aus-
sperren. Es waren Dinge um uns, die ich nur undeutlich be-
schreiben kann – greifbare und ungreifbare Dinge – etwas
Bedrückendes in der Luft – ein Gefühl des Erstickens –
Beklommenheit – und vor allem jener furchtbare Zustand,
den reizbare Menschen empfinden, wenn die Sinne hell-
wach sind, während die Verstandeskräfte schlummern. Eine
bleierne Schwere lag auf uns. Sie lastete auf unseren Glie-
dern – auf den Gegenständen im Raum – auf den Bechern,
aus denen wir tranken: Alles wurde davon beschwert und
niedergedrückt – alles außer den Flammen der sieben eiser-
nen Leuchter, die unser Gelage erhellten. Sie stiegen in hohen, schlanken Lichtstreifen auf und brannten blass und un-
beweglich weiter; in ihrem Schein, der auf die spiegelnde
Fläche des runden Ebenholztisches fiel, an dem wir saßen,
erblickte jeder der Anwesenden sein eigenes bleiches Antlitz
und das unruhige Flackern in den niedergeschlagenen Augen
seiner Gefährten. Gleichwohl lachten wir und waren auf unsere Weise ausgelassen – übertrieben ausgelassen; und san-
gen die Lieder des Anakreon – Lieder des Wahnsinns; und
tranken reichlich, obwohl der purpurne Wein an Blut ge-
mahnte. Denn es gab da noch einen Gast in diesem Gemach
in Gestalt des jungen Zoilus. Er lag tot aufgebahrt, in Tücher
gehüllt – der Genius und der Dämon dieses Ortes. An unserer Heiterkeit hatte er, ach, keinen Anteil, doch schienen
sein von der Pest entstelltes Angesicht und seine Augen, in
denen der Tod die Glut des Pestfiebers nicht ganz ausgelöscht hatte, unser fröhliches Treiben zu verfolgen, so wie

interest in our merriment as the dead may haply take in the merriment of those who are to die. But although I, Oinos, felt that the eyes of the departed were upon me, still I forced myself not to perceive the bitterness of their expression, and, gazing down steadily into the depths of the ebony mirror, sang with a loud and sonorous voice the song of the son of Teios. But gradually my songs they ceased, and their echoes, rolling afar off among the sable draperies of the chamber, became weak, and undistinguishable, and so faded away. And lo! from among those sable draperies where the sounds of the song departed, there came forth a dark and undefined shadow – a shadow such as the moon, when low in heaven, might fashion from the figure of a man: but it was the shadow neither of man, nor of God, nor of any familiar thing. And, quivering awhile among the draperies of the room, it at length rested in full view upon the surface of the door of brass. But the shadow was vague, and formless, and indefinite, and was the shadow neither of man, nor of God – neither God of Greece, nor God of Chaldea, nor any Egyptian God. And the shadow rested upon the brazen doorway, and under the arch of the entablature of the door, and moved not, nor spoke any word, but there became stationary and remained. And the door whereupon the shadow rested was, if I remember aright, over against the feet of the young Zoilus enshrouded. But we, the seven there assembled, having seen the shadow as it came out from among the draperies, dared not steadily behold it, but cast down our eyes, and gazed continually into the depths of the mirror of ebony. And at length I, Oinos, speaking some low words, demanded of the shadow its dwelling and its appellation. And the shadow answered, "I am SHADOW, and my dwelling is near to the Catacombs of Ptolemais,

die Toten wohl das fröhliche Treiben der Todgeweihten verfolgen. Doch obgleich ich, Oinos, spürte, dass der Blick des Verblichenen auf mir ruhte, zwang ich mich, die Bitterkeit, die in ihm lag, nicht zu beachten, und während ich in die Tiefe des spiegelnden Ebenholzes starrte, sang ich mit lauter, voller Stimme die Lieder des Sohnes von Teios. Aber nach und nach verstummten meine Lieder, und ihr fernes Echo in den nachtschwarzen Wandbehängen wurde schwächer und undeutlicher und verklang schließlich ganz. Aber da! Aus diesen schwarzen Behängen, in denen der Gesang verschwunden war, trat ein dunkler, undeutlicher Schatten hervor – ein Schatten, wie ihn der Mond, wenn er niedrig am Himmel steht, aus der Gestalt eines Menschen formt; doch dies war weder der Schatten eines Menschen noch der eines Gottes noch irgendeines bekannten Dinges. Er schwankte eine Weile zwischen den Draperien des Raums und kam endlich vor unseren Augen auf der Messingtür zur Ruhe. Aber der Schatten blieb undeutlich und formlos und unbestimmt; es war nicht der Schatten eines Menschen noch eines Gottes – weder eines Gottes aus Griechenland noch eines Gottes von Chaldäa noch eines ägyptischen Gottes. Der Schatten blieb auf der Messingtür, unter dem Gewölbe ihres Säulengebälks stehen und bewegte sich nicht und sprach kein Wort, sondern verharrte dort. Diese Tür, auf der der Schatten ruhte, befand sich, wenn ich mich recht erinnere, zu Füßen des jungen, in Tücher gehüllten Zoilus. Aber wir, die sieben Versammelten, die gesehen hatten, wie der Schatten zwischen den Wandbehängen hervorgekommen war, wagten nicht, ihn gerade anzublicken, sondern schlugen die Augen nieder und starrten beharrlich in die Tiefen des Ebenholzspiegels. Schließlich sprach ich, Oinos, mit leiser Stimme und fragte den Schatten nach seiner Herkunft und seinem Namen. Der Schatten antwortete: «Ich bin Der Schatten, und meine Heimat ist bei den Katakomben von Ptolemais

and hard by those dim plains of Helusion which border upon the foul Charonian canal." And then did we, the seven, start from our seats in horror, and stand trembling, and shuddering, and aghast: for the tones in the voice of the shadow were not the tones of any one being, but of a multitude of beings, and, varying in their cadences from syllable to syllable, fell duskily upon our ears in the well remembered and familiar accents of many thousand departed friends.

und nahe den nebligen Ebenen Elysions, die an den fau-
ligen Kanal des Charon grenzen.» Da sprangen wir sieben
voller Entsetzen auf und standen schaudernd und bebend
und entgeistert da. Denn die Stimme des Schattens war
nicht die Stimme eines einzelnen Wesens, sondern die Stimme vieler, und ihr Tonfall, der von Silbe zu Silbe wechselte,
schlug düster an unser Ohr mit einem wohlvertrauten
Klang, dem Klang der Stimmen tausender verstorbener
Freunde.

Ernest Hemingway
Banal Story

So he ate an orange, slowly spitting out the seeds.
Outside, the snow was turning to rain. Inside, the
electric stove seemed to give no heat and rising from
his writing-table, he sat down upon the stove. How
good it felt! Here, at last, was life.

He reached for another orange. Far away in Paris,
Mascart had knocked Danny Frush cuckoo in the
second round. Far off in Mesopotamia, twenty-one
feet of snow had fallen. Across the world in distant
Australia, the English cricketers were sharpening up
their wickets. *There* was Romance.

Patrons of the arts and letters have discovered *The
Forum*, he read. It is the guide, philosopher, and
friend of the thinking minority. Prize short-stories –
will their authors write our best-sellers of tomorrow?

You will enjoy these warm, homespun, American
tales, bits of real life on the open ranch, in crowded
tenement or comfortable home, and all with a heal-
thy undercurrent of humor.

I must read them, he thought.

He read on. Our children's children – what of
them? Who of them? New means must be discovered to find room for us under the sun. Shall this be
done by war or can it be done by peaceful methods?

Or will we all have to move to Canada?

Our deepest convictions – will Science upset
them? Our civilization – is it inferior to older orders
of things?

And meanwhile, in the far-off dripping jungles of

Ernest Hemingway
Eine banale Geschichte

Also aß er eine Apfelsine und spuckte die Kerne aus. Draußen verwandelte sich der Schnee in Regen. Drinnen schien der elektrische Ofen keine Hitze abzugeben, und er stand vom Schreibtisch auf und setzte sich auf den Ofen. Wie angenehm das war! Hier war wenigstens Leben.

Er langte nach einer zweiten Apfelsine. Weit weg in Paris hatte Mascart Danny Frush in der zweiten Runde dumm und dämlich geschlagen. Weit weg in Mesopotamien waren einundzwanzig Fuß Schnee gefallen. Drüben im fernen Australien verbesserten die englischen Kricketspieler ihre *wickets*. *Dort* gab's Romantik.

Gönner der Wissenschaften und schönen Künste haben *Das Forum*, das er las, entdeckt. Diese Zeitschrift ist der Führer, Philosoph und Freund der denkenden Minorität. Preisgekrönte Kurzgeschichten – werden ihre Autoren den Publikumserfolg von morgen schreiben?

Sie werden diese warmen, hausbackenen, amerikanischen Erzählungen, Ausschnitte des wirklichen Lebens auf einer Farm, in überfüllten Siedlungen oder im gemütlichen Heim, alle mit einer gesunden Unterströmung von Humor, mit Genuss lesen.

Die muss ich lesen, dachte er.

Er las weiter. Unsere Kindeskinder – na und? Welche denn? Neue Mittel müssen entdeckt werden, um einen Platz für uns an der Sonne zu finden. Soll dies durch Krieg oder kann es durch friedliche Methoden geschehen?

Oder werden wir alle nach Kanada auswandern müssen?

Unsere tiefsten Überzeugungen – wird die Wissenschaft sie umstoßen? Unsere Kultur – steht sie älteren Wertordnungen nach?

Und unterdessen erklangen in den weit entfernten, trie-

Yucatan, sounded the chopping of the axes of the gum-choppers.

Do we want big men – or do we want them cultured? Take Joyce. Take President Coolidge. What star must our college students aim at? There is Jack Britton. There is Doctor Henry Van Dyke. Can we reconcile the two? Take the case of Young Stribling.

And what of our daughters who must make their own Soundings? Nancy Hawthorne is obliged to make her own Soundings in the sea of life. Bravely and sensibly she faces the problems which come to every girl of eighteen.

It was a splendid booklet.

Are you a girl of eighteen? Take the case of Joan of Arc. Take the case of Bernard Shaw. Take the case of Betsy Ross.

Think of these things in 1925 – Was there a risqué page in Puritan history? Were there two sides to Pocahontas? Did she have a fourth dimension?

Are modern paintings – and poetry – Art? Yes and No. Take Picasso.

Have tramps codes of conduct? Send your mind adventuring.

There is Romance everywhere. *Forum* writers talk to the point, are possessed of humor and wit. But they do not try to be smart and are never longwinded.

Live the full life of the mind, exhilarated by new ideas, intoxicated by the Romance of the unusual. He laid down the booklet.

And meanwhile, stretched flat on a bed in a darkened room in his house in Triana, Manuel Garcia

fenden Dschungeln von Yucatán die Äxte der Gummibaum-
fäller.

Brauchen wir große Männer – oder brauchen wir kultivier-
te? Nehmen Sie Joyce. Nehmen Sie Präsident Coolidge. Wel-
chem Stern sollen unsere Studenten nacheifern? Da ist Jack
Britton. Da ist Dr. Henry Van Dyke. Kann man die beiden
miteinander in Einklang bringen? Denken Sie an den Fall
von Young Stribling.

Und was soll mit unseren Töchtern werden, die ihr eigenes
Lebensschiff steuern müssen? Nancy Hawthorne ist gezwun-
gen, das Meer des Lebens selbst zu loten. Mutig und vernünf-
tig sieht sie den Problemen, die an jedes achtzehnjährige
Mädchen herantreten, ins Auge.

Es war eine großartige Broschüre.

Sind Sie ein junges Mädchen von achtzehn Jahren? Nehmen Sie den Fall der Jungfrau von Orléans. Nehmen Sie den
Fall von Bernard Shaw. Nehmen Sie den Fall von Betsy Ross.

Denken Sie an die Ereignisse im Jahre 1925. – Gab es in
der Geschichte der Puritaner eine gewagte Seite? Gibt es zwei
Meinungen über Pocahontas? Hatte sie eine vierte Dimension?

Sind moderne Bilder – und Gedichte – Kunst? Ja und Nein.
Nehmen Sie Picasso.

Gibt es einen «Knigge» für Landstreicher? Lassen Sie Ihren
Geist auf Abenteuer ausgehen!

Überall gibt es Romantik. Die Mitarbeiter des *Forum* treffen
den Nagel auf den Kopf, sind voller Humor und Witz. Aber
sie versuchen nicht, oberschlau zu sein und sind niemals weit-
schweifig.

Leben Sie ein volles Geistesleben, durch neue Ideen angeregt, berauscht von der Romantik des Außergewöhnlichen!
Er legte die Broschüre hin.

Und unterdessen lag in einem verdunkelten Zimmer in
seinem Haus in Triana Manuel García Maëra in seinem Bett,

Maera lay with a tube in each lung, drowning with the pneumonia. All the papers in Andalucia devoted special supplements to his death, which had been expected for some days. Men and boys bought full-length colored pictures of him to remember him by, and lost the picture they had of him in their memories by looking at the lithographs. Bull-fighters were very relieved he was dead, because he did always in the bull-ring the things they could only do sometimes. They all marched in the rain behind his coffin and there were one hundred and forty-seven bull-fighters followed him out to the cemetery, where they buried him in the tomb next to Joselito. After the funeral every one sat in the cafés out of the rain, and many colored pictures of Maera were sold to men who rolled them up and put them away in their pockets.

flach ausgestreckt, mit einem Schlauch in der Lunge, und ging an einer Lungenentzündung zugrunde. Alle Zeitungen Andalusiens widmeten ihm, bei seinem seit Tagen erwarteten Tod, Extrabeilagen. Männer und Jungen kauften lebensgroße, farbige Bilder von ihm zur Erinnerung und büßten das Bild, das sie von ihm im Gedächtnis hatten, durch das Anschauen der Lithographien ein. Alle Stierkämpfer atmeten bei der Todesnachricht erleichtert auf, weil er in der Arena ständig das tat, was sie nur manchmal tun konnten. Alle marschierten im Regen hinter seinem Sarg her, und 147 Stierkämpfer folgten ihm zum Friedhof hinaus, wo man ihn in dem Grab neben Joselito begrub. Nach dem Begräbnis saßen alle vom Regen geschützt in den Cafés, und es wurden viele farbige Bilder von Maëra an Männer verkauft, die sie zusammenrollten und in ihre Taschen steckten.

Mark Twain
The Five Boons of Life

Chapter I

In the morning of life came a good fairy with her
basket, and said:

"Here are gifts. Take one, leave the others. And be
wary, chose wisely; oh, choose wisely! for only one
of them is valuable."

The gifts were five: Fame, Love, Riches, Pleasure,
Death. The youth said, eagerly:

"There is no need to consider"; and he chose Pleasure.

He went out into the world and sought out the
pleasures that youth delights in. But each in its turn
was short-lived and disappointing, vain and empty;
and each, departing, mocked him. In the end he said:
"These years I have wasted. If I could but choose
again, I would choose wisely.

Chapter II

The fairy appeared, and said:

"Four of the gifts remain. Choose once more; and
oh, remember – time is flying, and only one of them
is precious."

The man considered long, then chose Love; and
did not mark the tears that rose in the fairy's eyes.

After many, many years the man sat by a coffin,
in an empty home. And he communed with himself,
saying: "One by one they have gone away and left

Mark Twain
Die fünf guten Dinge des Lebens

Kapitel I

Am Beginn des Lebens erschien eine gute Fee mit einem Körbchen und sprach:

«Hier sind Gaben. Nimm eine und lass die anderen. Aber sei behutsam und wähle klug! Oh, wähle klug, denn nur eine von denen hier ist wertvoll.»

Die fünf Gaben waren: Ruhm, Liebe, Reichtum, Vergnügen, Tod. Kurz entschlossen sagte der junge Mann:

«Da muss ich nicht lange nachdenken.» Und er wählte das Vergnügen.

Er zog hinaus in die Welt und suchte alle Vergnügungen, an denen sich die Jugend freut. Aber jedes von ihnen war kurzlebig und enttäuschend, schal und leer, und wenn es hinter ihm lag, fühlte er sich genarrt. Schließlich sagte er: «Diese Jahre habe ich vergeudet. Wenn ich noch einmal wählen könnte, dann wollte ich klug wählen.»

Kapitel II

Die Fee erschien und sprach:

«Vier von den Gaben bleiben noch. Wähle noch einmal, aber bedenke: Die Zeit fliegt dahin, und nur eine von ihnen ist kostbar.»

Der Mann grübelte lange, dann wählte er die Liebe; und er bemerkte nicht die Tränen, die der Fee in die Augen stiegen.

Nach vielen, vielen Jahren saß der Mann neben einem Sarg in einem leeren Haus. Und er sprach zu sich: «Nacheinander sind sie alle von mir gegangen, und zuletzt liegt sie nun hier,

me; and now she lies here, the dearest and the last. Desolation after desolation has swept over me; for each hour of happiness the treacherous trader, Love, has sold me I have paid a thousand hours of grief. Out of my heart of hearts I curse him."

Chapter III

"Choose again." It was the fairy speaking. "The years have taught you wisdom — surely it must be so. Three gifts remain. Only one of them has any worth — remember it, and choose warily."

The man reflected long, then chose Fame; and the fairy, sighing, went her way.

Years went by and she came again, and stood behind the man where he sat solitary in the fading day, thinking. And she knew his thought:

"My name filled the world, and its praises were on every tongue, and it seemed well with me for a little while. How little a while it was! Then came envy; then detraction; then calumny; then hate; then persecution. Then derision, which is the beginning of the end. And last of all came pity, which is the funeral of fame. Oh, the bitterness and misery of renown! target for mud in its prime, for contempt and compassion in its decay."

Chapter IV

"Choose yet again." It was the fairy's voice. "Two gifts remain. And do not despair. In the beginning there was but one that was precious, and it is still here."

meine Liebste. Elend über Elend ist über mich gekommen. Für jede Stunde des Glücks, die mir die trügerische Händlerin, die Liebe, verkauft hat, musste ich mit tausend Stunden Unglück bezahlen. Ich verfluche sie aus tiefstem Herzen.»

Kapitel III

«Wähle noch einmal.» Es war die Fee, die das sagte. «Die Jahre haben dich Weisheit gelehrt – ganz gewiss. Drei Gaben bleiben noch. Nur eine von ihnen besitzt einen Wert. Denke daran und wähle mit Bedacht.»

Der Mann dachte lange nach und wählte dann den Ruhm; und die Fee seufzte und ging ihrer Wege.

Jahre vergingen, dann kam sie wieder und stellte sich hinter den Mann, der einsam in der Abenddämmerung saß und grübelte. Und sie konnte seine Gedanken lesen:

«Alle Welt kannte meinen Namen, jede Zunge pries ihn, und eine Weile schien alles gut. Aber wie kurz war diese Weile! Dann kam Neid, dann Schmähung, dann Verleumdung, dann Hass, dann Verfolgung. Dann Hohn, und das war der Anfang vom Ende. Zum Schluss kam Bedauern und damit der Untergang des Ruhms. Ach, wie bitter und traurig ist es, ein großer Mann zu sein – Zielscheibe für Schmutz in der besten Zeit, für Verachtung und Mitleid im Niedergang!»

Kapitel IV

«Wähle ein letztes Mal.» Es war die Stimme der Fee. «Zwei Gaben bleiben noch. Aber verzweifle nicht. Am Anfang war nur eine darunter, die kostbar war, und die ist noch dabei.»

"Wealth — which is power! How blind I was!" said the man. "Now, at last, life will be worth the living. I will spend, squander, dazzle. These mockers and despisers will crawl in the dirt before me, and I will feed my hungry heart with their envy. I will have all luxuries, all joys, all enchantments of the spirit, all contentments of the body that man holds dear. I will buy, buy, buy! deference, respect, esteem, worship — every pinchbeck grace of life the market of a trivial world can furnish forth. I have lost much time, and chosen badly heretofore, but let that pass; I was ignorant then, and could but take for best what seemed so."

Three short years went by, and a day came when the man sat shivering in a mean garret; and he was gaunt and wan and hollow-eyed, and clothed in rags; and he was gnawing a dry crust and mumbling:

"Curse all the world's gifts, for mockeries and gilded lies! And miscalled, every one. They are not gifts, but merely lendings. Pleasure, Love, Fame, Riches: they are but temporary disguises for lasting realities — Pain, Grief, Shame, Poverty. The fairy said true; in all her store there was but one gift which was precious, only one that was not valueless. How poor and cheap and mean I know those others now to be, compared with that inestimable one, that dear and sweet and kindly one, that steeps in dreamless and enduring sleep the pains that persecute the body, and the shames and griefs that eat the mind and heart. Bring it! I am weary, I would rest."

«Reichtum – das bedeutet Macht! Wie blind ich doch war!» sagte der Mann. «Endlich lohnt es sich zu leben. Ich werde mit vollen Händen ausgeben, prassen, prunken. Die Spötter und Verächter werden vor mir im Staub kriechen, und ich werde mich an ihrem Neid ergötzen. Mir wird alles gehören, was Vergnügen und Freude bereitet und den Geist betört, alle körperlichen Genüsse, nach denen der Mensch strebt. Ich werde kaufen, kaufen, kaufen! Ehrfurcht, Achtung, Bewunderung, Verehrung – jede billige Genugtuung, die auf dem Marktplatz dieser hohlen Welt zu haben ist. Ich habe viel Zeit vergeudet und bislang schlecht gewählt, aber vergessen wir das. Damals war ich noch unwissend und griff nach dem, was das Beste schien.»

Drei kurze Jahre vergingen, und es kam der Tag, an dem der Mann fröstelnd in einer schäbigen Dachkammer saß. Er war abgezehrt und blass und hohläugig, und er kaute an einer trockenen Brotkruste und murmelte:

«Zum Teufel mit den Gaben dieser Welt, die alle nur Blendwerk und Trug sind! Und obendrein ist die Bezeichnung falsch. Es sind keine Gaben, sondern Leihgaben. Vergnügen, Liebe, Ruhm, Reichtum: Das ist jeweils nur der Deckmantel für dauerhafte Realitäten: Schmerz, Kummer, Schande, Armut. Die Fee hatte recht: Von allen ihren Gaben war nur eine kostbar, nur eine einzige, die nicht wertlos war. Jetzt weiß ich, wie armselig, billig und nichtig die anderen sind im Vergleich zu jener kostbaren, jener teuren, holden, wohltuenden Gabe, die die Schmerzen, von denen der Körper geplagt wird, in traumlosen, andauernden Schlaf versenkt, wie auch die Scham und den Kummer, die an Geist und Herz nagen. Bring sie mir! Ich bin müde und möchte ruhen.»

Chapter V

The fairy came, bringing again four of the gifts, but Death was wanting. She said:

"I gave it to a mother's pet, a little child. It was ignorant, but trusted me, asking me to choose for it. You did not ask me to choose."

"Oh, miserable me! What is left for me?"

"What not even you have deserved: the wanton insult of Old Age."

Kapitel V

Die Fee kam und brachte noch einmal vier der fünf Gaben, nur der Tod war nicht dabei. Sie sprach:

«Ihn gab ich dem kleinen Liebling einer Mutter, einem Kind. Es ahnte nichts, vertraute mir aber und bat mich, an seiner Stelle zu wählen. Du hast mich nie gebeten zu wählen.»

«Oh, ich Elender! Was bleibt nun für mich?»

«Was nicht einmal du verdient hast: die unausweichliche Schmach des Alters.»

Curt Homan
Out of the Fog

Lyn clutched her purse as footsteps approached along the fog-shrouded lane. Emily, a fellow prostitute, emerged.

"Any business?" asked Lyn.

Emily shrugged. "Some. And you?"

"Not yet, tonight."

"Tis slow because of The Ripper," Emily sighed. "Seems everyone's afraid of Jack."

"Actually, the full name's 'Jacquelyn'," Lyn said, pulling the knife from her purse.

Curt Homan
Aus dem Nebel

Lyn presste ihre Handtasche an sich, als sich in der nebligen Gasse Schritte näherten. Emily, ebenfalls Prostituierte, kam ihr entgegen.

«Irgendwelche Kunden?» fragte Lyn.

Emily zuckte mit den Schultern. «Ein paar. Und du?»

«Heute abend noch keine.»

«Es liegt am Ripper, dass es so schleppend geht», seufzte Emily. «Alle haben Angst vor Jack.»

«Der vollständige Name ist eigentlich Jacquelyn», sagte Lyn und zog das Messer aus ihrer Handtasche.

Quellenverzeichnis

John Barth (geb. 1930) gehört zu den bedeutenden amerikanischen Autoren der Gegenwart, dessen Romane und Kurzgeschichten als typische Beispiele postmodernen Erzählens gelten.
Two Meditations, aus: John Barth, *Lost in the Funhouse*, New York 1968
© 1963, 1966, 1968, 1969 John Barth. Used by permission of Doubleday, a division of Random House, Inc.

H. E. Bates (1905–1974) wurde von Graham Greene als der englische Nachfolger von Anton Tschechow bezeichnet. Seine Kurzgeschichten, aber auch Romane wie *The Darling Buds of May* haben ihn zu einem vielgelesenen Schriftsteller gemacht.
For the Dead, aus: H. E. Bates, *The Woman who Had Imagination and Other Stories*, Bath 1974
© 1934 by H. E. Bates, published by Jonathan Cape. Reprinted by permission of the Estate of H. E. Bates and Pollinger Ltd.

Ambrose Bierce (1842 – 1913?), amerikanischer Schriftsteller, als Autor von Kurzgeschichten bekannt.
Die hier abgedruckten Erzählungen stammen aus dem Jahre 1911.

Kate Chopin (1851 – 1904), amerikanische Autorin, schrieb u. a. den Roman *The Awakening* (dt. *Das Erwachen*) sowie zahlreiche Kurzgeschichten.
The Story of an Hour erschien 1894.

Arthur C. Clarke (geb. 1917), englischer Science-Fiction-Schriftsteller, u. a. Autor des Romans *2001: Odyssee im Weltraum*, der 1968 von Stanley Kubrick verfilmt wurde.

Mann und das Meer), *The Snows of Kilimanjaro* (dt. *Schnee auf dem Kilimandscharo)*.
Banal Story, aus: *The Short Stories of Ernest Hemingway*, 1995 (zuerst 1927)
Der deutsche Text entstammt: Ernest Hemingway, *Gesammelte Werke in zehn Bänden*, übersetzt von Annemarie Horschitz-Horst, Band 6: Stories 1, Reinbek 1977, S. 306 f.
© für den englischen Text: Hemingway Foreign Rights Trust. Reprinted with permission of Scribner, an imprint of Simon & Schuster Adult Publishing Group from the *Short Stories of Ernest Hemingway*. © 1966, 1977 für die deutsche Übersetzung: Rowohlt Verlag GmbH, Reinbek

Spencer Holst (geb. 1926), amerikanischer Erzähler.
Brilliant Silence aus: Spencer Holst, *The Zebra Storyteller*, New York 1992; *Brilliant Silence*, New York 2000
© 1992, 2000 Barrytown Ltd./Station Hill Press, Inc.

Enrique Anderson Imbert (1910 – 2000), argentinischer Autor, der lange in den USA lehrte; Verfasser zahlreicher phantastischer Romane und Kurzgeschichten in englischer Sprache.
Taboo, aus: *The Other Side of The Mirror. El Grimario Short Stories* von Enrique Anderson Imbert. © 1966 Southern Illinois University Press. Abdruck mit freundlicher Genehmigung des Verlags

Mark Twain (Pseudonym für Samuel Langhorne Clemens, 1835 – 1910); seine humorvollen Reiseberichte und Romane wie *Tom Sawyer* und *Huckleberry Finn* gehören zu den unsterblichen Werken der amerikanischen Literatur.
My Watch erschien zuerst 1875.

Mina Loy (1882 – 1966), englisch-amerikanische Lyrikerin und Erzählerin, die in den ersten Jahrzehnten des 20. Jahrhunderts bekannt wurde.

Street Sister, aus: Bronte Adams and Trudi Tate (eds), *That Kind of Woman*, London 1991
© 2005 Roger L. Conover, literary executor of Mina Loy

Edna O'Brien (geb. 1932), irische Autorin; zu ihrem umfangreichen Werk gehören Romane und Kurzgeschichten über das Leben in Irland, ferner Kinderbücher, Bühnenstücke und Essays.
Mary, aus: Edna O'Brien, *Mrs Reinhardt and other Stories*, London 1978
© 1978 Edna O'Brien

Liam O'Flaherty (1896 – 1984) ist einer der herausragenden irischen Autoren von Kurzgeschichten, schrieb daneben auch einige Romane.
Mother and Son, aus: Liam O'Flaherty: *The Short Stories of Liam O'Flaherty*, London 1937.
© 2005 The Estate of Liam O'Flaherty 1937 by permission of PFD, London (www.pfd.co.uk) on behalf of the Estate of Liam O'Flaherty.
Übersetzung mit freundlicher Genehmigung von Intercontinal Literary Agency, London

Edgar Allan Poe (1809 – 1848), amerikanischer Lyriker, Erzähler, Kritiker und Literaturtheoretiker, wird oft als der Schöpfer der modernen Kurzgeschichte, der Detektiv-Erzählung und des psychologischen Thrillers bezeichnet.
Shadow erschien zuerst 1835.

Saki (Pseudonym für Hector Hugh Munro, 1870 – 1916), gebürtiger Schotte, der mit seinen surrealistischen, manchmal auch makabren Kurzgeschichten die englische Gesellschaft um 1900 satirisch attackierte.
Herman the Irascible erschien zuerst 1911.

Robert Louis Stevenson (1850 – 1894), schottischer Autor, dessen Werke *Treasure Island (*dt. *Die Schatzinsel*) und *Dr. Jekyll and Mr. Hyde* in die Weltliteratur eingegangen sind.
Die Fabeln sind der Gesamtausgabe von Stevensons Werken aus dem Jahre 1912 entnommen.

James Thurber (1894–1961), amerikanischer Humorist und Karikaturist, der besonders durch seine Beiträge für den *New Yorker* bekannt wurde.
The Unicorn in the Garden, aus: *Fables for Our Time*, New York 1940
© 1940 James Thurber, erneuert 1968 Rosemary A. Thurber
The Evening's at Seven, aus: Thurber, *The Middle-Aged Man on the Flying Trapeze*, New York 1935
© 1935 James Thurber, 1963 Rosemary A. Thurber. Abdruck mit freundlicher Genehmigung von Rosemary A. Thurber und The Barbara Hogenson Agency, Inc. Alle Rechte vorbehalten
Beide Geschichten liegen auf deutsch auch im Rowohlt Verlag vor: *Das Einhorn im Garten* aus: James Thurber, *75 Fabeln für Zeitgenossen* (© 1967 Rowohlt Verlag GmbH, Reinbek); *Sieben Uhr abends* aus: James Thurber, *Gesammelte Erzählungen* (© 1971 Rowohlt Verlag GmbH, Reinbek)
Publikation vorliegender Übersetzung mit freundlicher Genehmigung des Rowohlt Verlags

Steve Walker (geb. 1956), englischer Lyriker, Erzähler und Autor zahlreicher Hörspiele
The Small Horse, aus: Esmore Jones (ed), *British Short Stories of Today*, London 1987
© 2005 Steve Walker

Kürzestgeschichten von Jeff Whitman, Mark Cohen, Curt Homan, Elizabeth Eula, Chris Macy, Arthur L. Willard, Louis A, Henbury aus: Steve Moss (ed), *The World's Shortest Stories*, Philadelphia/London 1998

Für einige Texte konnten die Rechte-Inhaber leider nicht ermittelt werden. Für Hinweise sind wir dankbar.

Kursiv gesetzte Titel sind Hinzufügungen der Redaktion.

Ein Verzeichnis aller Bände der Reihe dtv zweisprachig
wird auf Wunsch vom Verlag zugesandt.
Deutscher Taschenbuch Verlag
Friedrichstraße 1a, 80801 München
zweisprachig@dtv.de